T0107941

DANS LA MÊME COLLECTION

Anne BAUDART, *Qu'est-ce que la démocratie ?*

Bruno BERNARDI, *Qu'est-ce qu'une décision politique ?*

Christian BERNER, *Qu'est-ce qu'une conception du monde ?*

Hélène BOUCHILLOUX, *Qu'est-ce que le mal ?*

Christophe BOURIAU, *Qu'est-ce que l'imagination ?*

Alain CAMBIER, *Qu'est-ce que l'État ?*

Alain CAMBIER, *Qu'est-ce qu'une ville ?*

Patrice CANIVEZ, *Qu'est-ce que la nation ?*

Stéphane CHAUVIER, *Qu'est-ce qu'une personne ?*

Paul CLAVIER, *Qu'est-ce que la théologie naturelle ?*

Marc DE LAUNAY, *Qu'est-ce que traduire ?*

Jérôme DOKIC, *Qu'est-ce que la perception ?*

Éric DUFOUR, *Qu'est-ce que la musique ?*

Jean-Yves GOFFI, *Qu'est-ce que l'animalité ?*

Gilbert HOTTOIS, *Qu'est-ce que la bioéthique ?*

Catherine KINTZLER, *Qu'est-ce que la laïcité ?*

Michel LE DU, *Qu'est-ce qu'un nombre ?*

Pierre LIVET, *Qu'est-ce qu'une action ?*

Lorenzo MENOUD, *Qu'est-ce que la fiction ?*

Michel MEYER, *Qu'est-ce que l'argumentation ?*

Jacques MORIZOT, *Qu'est-ce qu'une image ?*

Roger POUIVET, *Qu'est-ce que croire ?*, 2ᵉ édition

Joseph VIDAL-ROSSET, *Qu'est-ce qu'un paradoxe ?*

John ZEIMBEKIS, *Qu'est-ce qu'un jugement esthétique ?*

QU'EST-CE QU'UNE RELIGION ?

COMITÉ ÉDITORIAL

Christian BERNER

Stéphane CHAUVIER

Paul CLAVIER

Roger POUIVET

CHEMINS PHILOSOPHIQUES

Collection dirigée par Roger POUIVET

Pierre GISEL

QU'EST-CE QU'UNE RELIGION ?

Paris
LIBRAIRIE PHILOSOPHIQUE J. VRIN
6, place de la Sorbonne, V[e]
2007

Georg SIMMEL, *De la religion du point de vue de la théorie de la connaissance*, p. 108-113, et *La Religion*, p. 32-106
© Belfort, Circé, 1998

En application du Code de la Propriété Intellectuelle et notamment de ses articles L. 122-4, L. 122-5 et L. 335-2, toute représentation ou reproduction intégrale ou partielle faite sans le consentement de l'auteur ou de ses ayants droit ou ayants cause est illicite. Une telle représentation ou reproduction constituerait un délit de contrefaçon, puni de deux ans d'emprisonnement et de 150 000 euros d'amende.

Ne sont autorisées que les copies ou reproductions strictement réservées à l'usage privé du copiste et non destinées à une utilisation collective, ainsi que les analyses et courtes citations, sous réserve que soient indiqués clairement le nom de l'auteur et la source.

© *Librairie Philosophique J. VRIN,* 2007
Imprimé en France
ISSN 1762-7184
ISBN10 : 2-7116-1875-7
ISBN13 : 978-2-7116-1875-0

www.vrin.fr

QU'EST-CE QU'UNE RELIGION ?

DES FRONTIÈRES FLOTTANTES

Une interrogation de fait ouverte

Qu'est-ce qu'une religion ? On croit le savoir. Et l'on pense au christianisme, à l'islam, au judaïsme, à l'hindouisme, au bouddhisme ; peut-être aux religions de l'Afrique noire ou des Amérindiens. On évoque des prêtres, des pasteurs, des moines, des imams ou des mollahs, des rabbins, des sorciers, des sages, des gourous, des guérisseurs.

Mais sait-on toujours ce qui fait la frontière entre une religion, une spiritualité, une sagesse ou une recherche d'équilibre de vie, une attitude réceptive à l'égard de ce qui dépasse l'humain (le cosmos ? des énergies ? les astres ?) ou le sujet que je suis, pris dans des appartenances et des héritages (une généalogie ? une tradition ? une mémoire ?) ?

L'astrologie est-elle une religion ? Une science ? Autre chose ? Et la scientologie ? Dans la seconde moitié du XXe siècle, il y eut en tout cas divers procès sur la question de savoir si c'était une Église[1]. Une session d'initiation à l'ésotérisme

1. J. G. Melton, *L'Église de scientologie*, Leumann (Turin), Elledici, 2002, p. 23-26 et 95-100.

dans un hôtel de nos sociétés occidentales postmodernes, est-ce de la religion ? Et une pratique occidentale et contemporaine du yoga ? Ou, parallèle à un traitement en hôpital universitaire, le recours aux thérapies anthroposophiques de Rudolf Steiner ? Ou le recours aux fleurs du Dr Bach[1] ? Ou encore, dans nos maisons d'accompagnement intensif de mourants, en soins dits palliatifs, où est la différence entre gestes de soutien et rites, entre approche consciente de la mort et accueil religieux de ce qui est autre que la vie biologique, entre prise en charge de la personne et psychologie dite transpersonnelle, voire dépassement, purification ou pratiques permettant à l'âme ou à l'esprit de se détacher ?

Nous vivons un moment de désinstitutionnalisation. En matières religieuses comme dans d'autres. Et nous avons du coup affaire à diverses recompositions. À de la fluidité aussi, ou à de la dissémination : le religieux peut être partout ou nulle part, et il ne dit pas forcément son nom. De ce dernier point, on avait d'ailleurs pris conscience depuis quelques temps, en modernité, au vu de ce qu'on a pu considérer comme des religions sécularisées, ainsi les liturgies nazies de Nuremberg ou, vécu dans la dénégation du religieux, tel mode de fonctionnement des partis communistes du XXe siècle ; pour ne pas parler, à tel moment, de la science (Auguste Comte n'a-t-il pas écrit un *Catéchisme positiviste* ?) ou d'une certaine manière de célébrer la laïcité, contre-modèle à la religion héritée et assumant une part de sa fonction.

Qu'est-ce qu'une religion, sachant que, de toute manière, il y en a plusieurs, dans l'espace et le temps ? Répondre suppose qu'on s'explique sur ce qui est religieux et non autre chose. À quel champ ou à quelle instance, anthropologique

---

1. Ed. Bach, *La guérison par les fleurs* (1931), Paris, Le courrier du livre, 1972 et 1985.

et sociale, rattacher le religieux, donc les religions ? Sans compter que, d'entrée, tout est de fait mêlé : qu'est-ce qui, dans les conflits de l'Irlande ou autour de la terre d'Israël ou de Palestine, est religieux, et qu'est-ce qui est politique ? Ou qu'est-ce qui, dans les tensions se cristallisant dans les banlieues de certains pays européens, relève de la non-intégration sociale et communautaire ou est plutôt à imputer à un manque d'expression et de reconnaissance d'identité, et, sur ce point même, qu'est-ce qui relève du psycho-socio-logique, du culturel ou du religieux ? Par-delà ces interro-gations contemporaines, peut-on distinguer, dans l'Inde tradi-tionnelle, ce qui serait fonds culturel et ce qui serait donne religieuse ? De même, peut-on distinguer, dans l'Athènes classique du IVe siècle avant l'ère chrétienne ou dans la Rome de la République, ce qui est appartenance civique et ce qui est religion ? Les historiens répondent à l'évidence non.

D'une dialectique entre des religions, diverses,
et le religieux, comme donne anthropologique

Qu'est-ce qu'une religion ? La cristallisation particulière ou l'institutionnalisation socio-culturelle d'une donne humaine – le religieux – propre à tous et récurrente ? Dire ce qu'est une religion oblige dès lors à préciser cette dimension et à entrer dans un jeu de différenciations quant à ce qui fait l'humain. Mais on sanctionne alors une disposition de pensée occidentale (marquée en sous-main d'une matrice histori-quement chrétienne, donc d'une disposition particulière du religieux)[1], une disposition radicalisée avec la modernité (souvent contre l'institution ecclésiastique) qui suppose justement une différenciation d'instances entre, par exemple,

---

1. D. Dubuisson, *L'Occident et la religion*, Bruxelles, Complexe, 1998.

le politique, le civil, le moral, le pénal, le scientifique, l'esthétique, le religieux.

Concrètement, et pour reprendre, non sans variations, une question déjà énoncée, on peut se demander : l'astrologie est-elle une science, ou l'homéopathie est-elle scientifique ? Si non, que sont-elles ? Religieuses, ou autre chose ? Là aussi, répondre suppose qu'on s'explique sur ce qu'est la science ou sur ce qui est scientifique. Comme répondre à « qu'est-ce qu'une œuvre d'art ? » suppose qu'on précise ce qu'est l'esthé-tique, assurément différent du moral et du scientifique : une œuvre esthétique peut donner à voir ou à sentir le monde ou l'humain à partir d'une représentation scientifiquement erronée, donner à voir aussi une réalité qu'on ne défendrait pas au plan de l'éthique. De même que répondre à « qu'est-ce qu'une constitution politique ? » suppose qu'on s'explique avec ce qu'est le politique, distingué de et en rapport au civil, distingué d'autres dimensions encore de ce qui fait l'humain.

Parler de religions, particulières et plurielles, et d'un reli-gieux comme dimension plus large de l'humain, c'est mettre en avant une *dialectique* au cœur de ce qu'on appelle religion [1]. On tiendra ainsi que le religieux n'existe pas en dehors de formes données, donc hors de telle ou telle religion effective. Inversement, toute religion pourra être vue comme la cristal-lisation particulière d'une donne plus large, et l'on pourra déchiffrer ses symboles, ses rites ou ses formes institution-nelles comme une manière parmi d'autres, consciente ou non, de répondre d'une question ou d'une possibilité humaine générale qu'on pourra faire résonner derrière l'affirmation ou la pratique mise en avant, pour mieux apprécier, sur fond comparatif, le type de réponse, de riposte ou d'expression

---

1. *Cf.* P. Gisel, *La théologie face aux sciences religieuses*, Genève, Labor et Fides, 1999, p. 43 et 53 *sq.* ; G. Simmel, *infra*, p. 111.

venu au jour, avec ses forces et ses revers. Ainsi du rapport à la mort, au cosmos, à l'histoire, au divin, à l'absolu; ou encore d'une gestion des appartenances et des héritages, de l'idéologique et de l'utopique, du corps et de ce qui le traverse, des médiations, avec leur statut et leurs formes, de la particularité et de l'universel, de l'insertion dans des cycles naturels ou de leur mise à distance, des trajectoires de vie et des passages qui s'y greffent, des rapports de voisinage, de l'identité et de l'altérité, de ce qui est bon et de ce qui est réputé mal, comme de la part qu'y prend l'humain.

Mais les différences que cristallisent les religions ne portent pas sur leurs *énoncés* ou leurs *formes* seulement, qu'on pourrait comparer terme à terme (à propos du judaïsme, du christianisme et de l'islam par exemple), étant entendu que leur systématique globale diffère, ce qui exclut à vrai dire le strict examen terme à terme. Ce que peut donner à voir et circonscrire une religion relève en outre, à chaque fois, d'une *disposition socio-culturelle* de l'humain qui détermine ce qui serait religieux ou non.

On peut souligner ce point à propos de la notion de *Dieu* par exemple (ou de l'absolu, des dieux, etc.). Estimant que le bouddhisme ne renvoie pas à un Dieu, certains tirent aujourd'hui la conclusion que le bouddhisme ne serait pas une religion, tout au plus une spiritualité, ce qui ne connote pas une hétéronomie fondatrice, mais réapproprie au plan du sujet humain ce qui est en jeu, et n'entraîne pas non plus un espace séparé, de type ecclésial, qui en dépendrait. À l'évidence, dire ainsi que le bouddhisme n'est pas une *religion*, mais une *spiritualité* se fait selon une distinction et une appréciation déterminées des deux termes en jeu, symptomatiques au surplus de notre situation socio-culturelle présente.

Rapporter la religion à un *croire* ou au fait d'une *croyance* montre également que ce qu'on entend par religion est lié à une disposition plus large. C'est que le moment d'un croire n'est en effet pas à l'œuvre au cœur de toute religion ; Paul Veyne l'avait souligné dans *Les Grecs ont-ils cru à leurs mythes ?* Le croire est un moment central en christianisme et marque chacun, même lorsqu'on se veut laïque ou opposé aux religions héritées. Des juifs intransigeants considèrent que le judaïsme l'ignore, ne connaissant que la Loi (les six cent treize commandements, autre chose donc que le seul Décalogue selon la relève qu'en opère le christianisme), la Loi comme marque de transcendance, qu'il n'y a ni à comprendre, ni à s'approprier (cela conduirait à trop rapprocher Dieu de l'homme, ou l'humain du divin), mais à appliquer, sans plus ; la Loi n'est pas non plus, dans le judaïsme, au principe d'une intrigue, celle d'un sujet requis à suivre ce qu'elle indique et qui se voit entraîné dans une dramatique de l'âme, voué qu'il est à vouloir donner satisfaction à son Dieu – à un idéal – et à se trouver lui-même. On se souviendra également que, dans certaines formes du polythéisme gréco-romain, il y a à accomplir tel rite, en tel lieu, pour éviter la peste ou une autre catastrophe, et cela *hors* adhésion croyante à quoi que ce soit, et *hors* démarche d'un sujet responsable et qui s'assume (analogiquement : Œdipe ne sait pas qu'il a tué son père et épousé sa mère, mais le parricide et l'inceste ont objectivement eu lieu, et il en est l'artisan, donc le coupable à éloigner, quoique innocent en termes chrétiens ou, *a fortiori*, modernes). Au total, le fait même d'un croire dispose le religieux d'une certaine manière, et les consé-quences à tirer de ce constat peuvent aller loin quant à ce qui définit une religion. À ce que nous avons indiqué, ajoutons d'ores et déjà que si la venue à l'avant-scène d'un moment de croyance est centrale dans le christianisme, à la différence du paganisme antique et, au moins pour une part, du judaïsme, cette avancée concerne toute l'Antiquité tardive, mouvements chrétiens ou non, et que, par ailleurs, un théologien aussi accrédité dans l'Église catholique que Thomas d'Aquin ne conjugue pas *croire* – la foi – et *religion* : si le croire est effectivement fondamental chez lui, la religion relève, comme on le verra, d'une autre « vertu », humaine et non « théologale ».

De quelques définitions de la religion dans les sciences humaines et sociales

Certains se sont risqués à définir la religion. Et l'on n'y échappe pas, si l'on veut comprendre, situer, orienter et faire ressortir des enjeux. Mais en ces matières – anthropologique et sociale –, une définition vaut d'abord comme symptôme : elle indique indirectement une histoire antécédente – refusée, assumée, transformée, déplacée –, un présent d'où elle naît et une visée qu'elle dessine, une impasse ou un appel à changement. En l'occurrence, les définitions fournies le sont depuis un peu plus de cent ans, dans le champ de l'histoire des religions ou des sciences humaines et sociales du religieux ; elles se veulent fait de modernité et en décalage des croyances, même si les religions, par-delà leurs cohérences propres, ont pu – et parfois fortement – produire des discours réflexifs décalés du vécu, symbolique, rituel et engagé[1], et même si, réciproquement, les discours modernes qui se voulaient décalés des croyances ont pu ou peuvent être marqués par des formes héritées. C'est un lieu commun de rappeler que les débuts de l'histoire des religions ont été, quelles que fussent

1. M. Weber parle d'un processus de « rationalisation » interne aux religions qui pourra ouvrir, à terme et selon leurs formes, sur un « désenchantement ».

les positions personnelles de l'historien, marqués par le christianisme.

Cherchant à définir la religion, on a pu par exemple, comme Émile Durkheim, la penser comme système de croyances et de pratiques, articulé à un sacré séparé et instituant le lien social : « une religion est un système solidaire de croyances et de pratiques relatives à des choses sacrées, c'est-à-dire séparées, interdites, croyances et pratiques qui unissent en une même communauté morale, appelée Église, tous ceux qui y adhèrent »[1]. L'horizon de pensée est celui de la cohésion sociale, lié au projet laïque de la Troisième République. Durkheim pose une antériorité foncière de la société sur l'individu (l'Église n'entre pas par hasard dans sa définition de ce qu'est la religion : « nous ne rencontrons pas, dans l'histoire, de religion sans Église », écrivait-il quelques pages plus haut), non sans consonance avec le totémisme qu'il a étudié, où un sacré impersonnel assure l'identité du clan. Le sacré, c'est en fin de compte le fait social projeté à l'extérieur et assurant légitimation. La religion ne répond pas ici de l'anormal, de l'exceptionnel ou de la surprise, mais de la régularité et de la constance. Au total, la religion est faite de « croyances obligatoires », liées à des pratiques se rapportant aux objets donnés dans ces croyances, et elle renvoie à un Dieu qui est « l'expression symbolique de la collectivité » ou la « société transfigurée et pensée symboliquement ».

C'est dans la même ligne que Karel Dobbelaere définit la religion comme « un système unifié de croyances et de pratiques relatif à une réalité supra-empirique, transcendante, qui unit tous ceux qui y adhèrent en vue de former une seule

---

1. *Les formes élémentaires de la vie religieuse* (1912), Paris, PUF, 2003, p. 65.

communauté morale»[1]; ou Claude Bovay et Roland
J. Campiche dans *Croire en Suisse(s)*, même s'ils proposent
une définition qui intègre d'autres dimensions: est religion
«tout ensemble de croyances et de pratiques, plus ou moins
organisé, relatif à une réalité supraempirique transcendante,
qui remplit, dans une société donnée, une ou plusieurs des
fonctions suivantes: intégration, identification, explication de
l'expérience collective, réponse au caractère structurellement
incertain de la vie individuelle et sociale »[2].

Plus largement, Thomas Luckmann fait se rejoindre
socialisation et religion: on ne devient une individualité
«qu'en s'engageant avec d'autres dans la construction d'un
univers "objectif" de significations ayant un sens moral. [...]
on appellera phénomène religieux ce mouvement par lequel
l'organisme humain transcende sa nature biologique [...].
Nous pouvons donc considérer les processus sociaux qui
conduisent à la formation de la conscience de soi individuelle
comme fondamentalement religieux »[3]. La définition est large
et conduit à parler de « religion invisible ».

Max Weber polarise plus l'attention sur l'agir ou le
comportement humain – qu'il s'agisse d'une pratique, d'un
refus, d'un détachement ou d'une manière de supporter ce qui
est extérieur – auquel l'acteur donne un sens, subjectif et vali-
dable. Les religions sont ainsi référées au « contexte de sens »
qu'elles fournissent à l'acteur[4]. Notons que les analyses de
Weber échappent à l'opposition, ailleurs souvent détermi-
nante, entre rationnel et irrationnel ou entre modernité et

1. *Secularization. A Multi-Dimensional Concept*, Londres, Sage Publica-
tions (*Current Sociology/La sociologie contemporaine* 29/2), 1981, p. 38.

2. Lausanne, L'Âge d'Homme, 1992, p. 35.

3. *The Invisible Religion* (1963), New York, Macmillan, 1970[3], p. 48 *sq.*

4. Cf. *Économie et société* 1 (posthume), Paris, Plon-Pocket, 1995,
p. 28-52.

religion. La religion répond, diversement, de la souffrance, du mal et de l'échec, ou de la contingence (il y a une irrationalité du monde), au gré d'un sens construit ; et la religion est moins vue comme système de croyances que comme réglementation de la vie. Weber attire dès lors l'attention sur divers types de rapport au monde (entre refus prophétique, du judaïsme au protestantisme, et acquiescement, confucéen), ainsi que sur divers types de religion (plus ou moins magiques ou plus ou moins éthiques par exemple), sur diverses formes de socialisation du religieux aussi (entre type secte et type Église) et de concrétisation du pouvoir (charismatique ou institutionnel, etc.). Weber remarque enfin qu'à mesure qu'avance une rationalisation calculatrice et instrumentale, les religions se trouvent renvoyées à l'irrationnel, les valeurs étant laissées hors champ (le monde moderne ouvre sur un « polythéisme des valeurs », non régulé).

Danièle Hervieu-Léger reprend à sa manière le double motif de la cohérence et du sens quand, dans *La religion pour mémoire* et privilégiant un ordre plus diachronique que synchronique, elle écrit qu'«une religion est un dispositif idéologique, pratique et symbolique par lequel est constituée, entretenue, développée et contrôlée la conscience (individuelle et collective) de l'appartenance à une lignée croyante particulière »[1]. D'autres ont plus fait porter l'accent sur les perspectives d'avenir que les religions proposent, discours eschatologiques et visions utopiques[2], donnant forme au double regard que Karl Marx portait sur la religion, dans son célèbre texte de 1844 parlant d'« opium du peuple » : la religion comme « *expression* de la détresse réelle », aliénée ou

---

1. Paris, Le Cerf, 1993, p. 119 ; sur la mémoire, *cf.* aussi les travaux de M. Halbwachs, dans l'entre-deux guerres.

2. H. Desroche s'en était fait une spécialité dans les années 1960 et 1970.

illusoire, et la religion comme « *protestation* contre la détresse réelle », potentiellement productive [1].

Née de la rencontre d'autres sociétés au gré des voyages liés à la modernité naissante, l'anthropologie dite culturelle [2] s'attache aux systèmes symboliques qui organisent – quasiment comme des « programmes » – les pratiques, les relations et les représentations d'une société donnée. C'est sur cette base que Clifford Geertz a formulé sa célèbre définition de la religion : « un système de symboles, qui agit de manière à susciter chez les hommes des motivations et des dispositions puissantes, profondes et durables, en formulant des conceptions d'ordre général sur l'existence et en donnant à ces conceptions une telle apparence de réalité que ces motivations et ces dispositions semblent ne s'appuyer que sur le réel » [3], une série d'aspects que nous retrouverons au long de notre parcours. Soulignons pour l'instant l'importance des matrices symboliques mises en lumière – le religieux en vit et les sanctionne, il en est d'ailleurs fait –, tout en signalant la tendance de l'anthropologie à en dissoudre l'(éventuelle ?) spécificité dans le culturel.

En modernité, on a souvent eu tendance à investir la religion comme *système de croyances* (l'anthropologie marque un décrochement en la matière, Weber aussi, en partie). On poursuit ainsi une disposition qui se tenait au cœur des discussions de la critique philosophique des XVIIe-XVIIIe

1. Dans K. Marx et F. Engels, *Sur la religion*, Paris, Ed. sociales, 1960, p. 42.

2. Développement et enjeux : C. Bernand, « Anthropologie religieuse. Frontières, infortunes et représentation », dans P. Gisel et J.-M. Tétaz (éds.), *Théories de la religion*, Genève, Labor et Fides, 2002, p. 155-174.

3. « La religion comme système culturel » (1966), dans R. E. Bradbury *et alii*, *Essais d'anthropologie religieuse*, Paris, Gallimard, 1972, p. 19-66, ici p. 23 (il parle de « programme », p. 25).

siècles. Preuve en est que les discussions tournaient alors autour de la vérité des « doctrines » proposées, leurs différences historiques et géographiques ne pouvant que falsifier les religions et laisser place à un enseignement en raison, naturel et universel. De même, les porteurs de religion, révélateurs ou fondateurs – Moïse, le Christ, Mohammed, Confucius –, étaient d'abord appréhendés en fonction de leurs enseignements et réfutés ou loués sur ce plan. C'est le temps où le Christ n'est ni exemplification d'un mystère de vie et de mort, ni initiateur gnostique, ni sage ou thérapeute, mais pédagogue ; il n'est pas non plus, bien sûr, figure centrale d'une disposition religieuse traditionnelle et historiquement différenciée, le christianisme.

Dans les définitions esquissées, les croyances religieuses imprègnent le lien social et donnent un ordre sensé au monde, aux pratiques et aux identités humaines ; elles renvoient, lorsque le présent est trop en crise, à de la mémoire ou à de l'utopie. Ces définitions supposent en outre souvent une *transcendance* et, à partir de là, une *cohérence d'ensemble*. Sur ce point, la modernité occidentale est travaillée d'une matrice qui vient du monothéisme chrétien. Or, cette manière d'investir le phénomène religieux est peu appropriée quand on considère certains traits des recompositions contemporaines, articulés à du thérapeutique ou à de l'énergétique visant un équilibre de vie. Et elle ne vaudrait pas non plus pour les religions antiques préchrétiennes, ni pour des religions historiques relevant d'autres sphères culturelles ou civilisationnelles (l'Inde, la Chine). Sans compter ce qui, dans les religions, peut être renvoyé à des moments de fêtes marquant du débordement, de la transgression, de la transe ou du sacré sauvage, où l'humain et le social semblent se régénérer, une marque archaïque qu'on ne saurait simplement marginaliser ou refouler sans perte ou revanches.

C'est pourtant bien comme des systèmes de croyances, liés à des institutions particulières, que les religions sont aujourd'hui le plus souvent *contestées*, comme elles l'étaient par l'athéisme des Lumières tenant ces croyances pour superstition; et c'est aussi par rapport à un religieux comme système de croyances qu'il y a – c'est plus spécifique de notre situation présente – *déplacement,* même si une critique moderne athéiste plus classique demeure. D'où l'attention que j'ai accordée aux *frontières* de ce qui peut circonscrire et définir le religieux – touchant du coup les frontières que marquent les autres instances qui président aux déploiements de l'humain, le savoir, l'esthétique, le moral, etc. –, et non seulement aux *objets* de croyance, différents, qui peuvent occuper une place préalablement affectée au religieux.

Les définitions qu'on propose et le débat qu'elles entraînent reflètent toujours une donnée plus large; il y a dès lors à construire une généalogie qui les mette en perspective. Ce sera une manière d'assumer le présent, d'en partir même, mais non sans le déconstruire ni évaluer ce qui s'y cherche, s'y refuse et s'y affirme, où les conflits ne seront pas levés par approches scientifiques objectives plus affinées – même si un effort d'objectivation des données est évidemment requis –, ni non plus réglés à coups de jugements en vérité ou en rectitude, mais seront partie intégrante de la généalogie à prendre en compte. Notre propos se rapproche ainsi de ce que Jan Assmann nomme histoire mémorielle[1], ici histoire du déploiement *effectif* du religieux et des *différends* auxquels il donne lieu, un déploiement occidental en l'occurrence.

---

1. Cf. *Moïse l'Égyptien* (1997 et 1998), Paris, Aubier, 2001.

CARACTÉRISTIQUES DU PAYSAGE RELIGIEUX CONTEMPORAIN

Avant d'esquisser une mise en perspective généalogique à même de faire ressortir les dispositions socio-culturelles dans lesquelles le religieux prend forme, il convient de s'arrêter sur quelques-unes des caractéristiques du paysage religieux contemporain.

Perte de substance sociale des traditions religieuses porteuses

Dans nos sociétés occidentales, la perte de substance sociale des traditions religieuses historiquement porteuses est patente : sécularisation de la société civile, politique ou culturelle, et mise en place d'un État laïque, même si les formes du rapport aux religions varient passablement d'un pays à l'autre[1], preuve en soient les États-Unis, qui connaissent une séparation juridique stricte de l'État et des Églises, mais une faible sécularisation de la société, et, à l'inverse, les pays scandinaves où le lien État-Églises est fort, sur fond de tradition luthérienne, mais la société très sécularisée dans ses mentalités, ses références et son organisation.

Globalement, la perte de substance sociale est, en Europe, manifeste dans les derniers siècles, que l'on pense à la place des Églises dans le système de soins (hôpitaux, etc.), l'éducation et le social, ou que l'on réfléchisse en termes de présence sur le terrain (effondrement, ces cinquante dernières années, du nombre de prêtres ou de moniales), de références au plan culturel, de prégnance dans l'identité personnelle et les choix de vie. Le constat vaut même si à la pratique religieuse

---

1. Pour l'Europe, *cf.* J.-P. Willaime, *Europe et religions*, Paris, Fayard, 2004.

régulière, mesurable et en baisse, se sont substitués d'autres comportements, moins mesurables, et même si, dans nos sociétés en perte de sens et de points de repère, la religion fait l'objet de nouvelles demandes sociales (représentants de traditions religieuses dans des comités d'éthique liés à la sphère publique, présence dans des lieux ou des moments symboliques forts, etc.), sans compter une montée à l'avant-scène de mouvements de type fondamentaliste ou intégriste, ainsi que de nouveaux mouvements religieux, au point que le sociologue américain Peter L. Berger a pu parler de « désécularisation »[1], après avoir participé, dans les années cinquante et soixante, à la production de « théories de la sécularisation »[2].

Une laïcisation et une sécularisation dans les données institutionnelles comme dans les mentalités sont des faits indéniables, même si les sociétés modernes ont pu recycler du religieux ancien, chrétien notamment[3], soit dans des manières de concevoir le politique (« tous les concepts prégnants de la théorie moderne de l'État sont des concepts théologiques sécularisés », selon la formule de Carl Schmitt[4]), soit dans des modes de réflexion culturelle ou philosophique. Il suffit de penser à Locke, réfléchissant aux notions de loi, de droit et de contrat ; ou à Hegel[5], transcrivant en philosophie beaucoup de théologie ; ou encore, pour des reprises marquées par une perspective juive, à l'École de Francfort (Max Horkheimer et

1. *Le réenchantement du monde* (1999), Paris, Bayard, 2001.

2. Dans *La religion dans la conscience moderne* (1967), Paris Centurion, 1971.

3. *Cf.* J.-Cl. Monod, *La querelle de la sécularisation*, Paris, Vrin, 2002.

4. « Théologie politique » (1925, 1933), dans *Théologie politique*, Paris, Gallimard, 1988, p. 9-75, ici p. 46.

5. *Cf.* K. Löwith, *Histoire et salut* (1949 et 1953), Paris, Gallimard, 2002.

Theodor W. Adorno), à Walter Benjamin ou d'autres[1]; voire, plus globalement, aux marxismes. Sur fond d'effondrement des institutions et d'individualisation, d'échec en matière de transmission aussi et, du coup, d'amalgames de références (pour exemple, souvent repris, 25% des personnes se reconnaissant chrétiennes disent croire à la réincarnation et non à la résurrection), d'analphabétisme religieux enfin (nombreux sont ceux qui se demandent si, sans connaissance du religieux, l'on peut encore comprendre de grandes parts de la littérature ou de l'art européens), on peut même estimer que le phénomène connaît une radicalisation depuis quelques décennies : on ne se trouverait plus dans la contestation, le contre-modèle ou la substitution, mais dans une tout autre organisation de la vie, collective et individuelle.

Un statut nouveau pour le religieux

Un phénomène tel que la sécularisation n'est jamais qu'un *transfert*. En l'occurrence : d'un ordre religieux à un ordre politique. La modernité héritée des Lumières avait néanmoins donné forme, dans cet axe, à certaines substitutions fonctionnelles. Or, aujourd'hui, le changement est autre : il prend la forme d'une redistribution du champ social et des dispositifs dans lesquels s'inscrit la vie humaine, et cela affecte ce qu'il en est du politique aussi bien que ce qu'il en est du religieux. Dans *La religion dans la démocratie*, Marcel Gauchet parle ainsi d'une « révolution du croire »[2].

Aussi bien le politique que la religion ne sont plus à même aujourd'hui de prétendre à une organisation globale du monde à partir d'une position unifiée, qu'elle soit liée à une hétéro-

---

1. *Cf.* P. Bouretz, *Témoins du futur*, Paris, Gallimard, 2003 ; M. Löwy, *Rédemption et utopie*, Paris, PUF, 1988.
2. Paris, Gallimard, 1998, p. 103-110.

nomie reconnue ou à une autonomie affirmée. Une forme de religion avait nourri une perspective de ce type, celle des christianismes confessionnels nés à l'aube des Temps modernes ; la laïcité avait pu s'y arc-bouter, sur fond de rivalité et sur mode mimétique (la France en a donné un exemple classique, plutôt unilatéral, à partir d'un modèle catholique vivant d'absolutisme). On pouvait parler là de transfert de fonction sur une même disposition socio-culturelle, une même organisation de l'imaginaire aussi. Mais chacun sait que le politique est aujourd'hui en crise, quant à ses fins, et dès lors quant à sa fonction, ce qui y ressortit ou ce qu'il a à prendre en charge. D'où un repli fonctionnaliste et un libre cours donné à des approches technocrates, qu'accompagnent, au plan des représentations, une manipulation d'images et une prolifération de « gadgets ». L'État ne sait même plus comment il pourrait être arbitre, en lien avec un Bien commun, tout au plus peut-il se voir investi – ce qui est à vrai dire requis, mais ne saurait suffire, ni d'ailleurs être autonomisé – de la tâche de garantir des droits individuels, voire sectoriels, mais juxtaposés.

Dans l'ouvrage pré-cité, Marcel Gauchet montre tout à la fois la fin d'un théologico-politique assurant le lien social (il sanctionne ainsi ce qu'il a appelé la « sortie de la religion »[1]) et, sur la base de la nouvelle disposition qui en résulte, la demande adressée aux religions ou aux traditions socio-culturelles, une demande de références, d'éclairages éthiques, voire de valeurs. Ici, les religions ne sont plus investies d'un lien avec une transcendance ou une hétéronomie, quel qu'en soit le type ; on a suspendu les questions portant sur ce qui se donne comme objet de croyance, de même qu'on a suspendu, ou tout au moins estimé non directement prégnante, leur contestation athée. Les religions sont requises quant à leur utilité sociale,

---

1. Cf. *Le désenchantement du monde*, Paris, Gallimard, 1985.

séculière. Cela peut aller jusqu'à la caricature, en tout cas quand on se souvient de ce que cristallise et de ce dont atteste la religion : de l'excès et de la non-normalisation; ainsi, par exemple, les enquêtes sociologiques visant à cerner quand la conviction religieuse va de pair avec un meilleur équilibre (équilibre en vue de quoi ?) et un meilleur bilan de santé. Quoi qu'il en soit, le religieux apparaît d'abord appréhendé en termes de compatibilité, sur fond de quoi le politique pourrait – devrait – accorder reconnaissance. Une thématique non dépourvue de pertinence [1], que chacun des partenaires en cause pourrait avoir avantage à méditer, mais qui ne va pas non plus sans ambiguïtés et qui apparaît en tout cas révélatrice d'une disposition de fond : dans le monde « sorti de la religion », l'État n'est-il pas devenu radicalement sans finalité et le religieux foncièrement compensatoire, sanctionnant du coup un horizon social technocrate et fonctionnaliste ?

Touchant la religion, le phénomène va loin. Comme Marcel Gauchet avait parlé d'une sortie politique de la religion, Danièle Hervieu-Léger parle d'une « sortie culturelle » de la religion (notamment d'une « exculturation » du catholicisme anciennement majoritaire), liée à une mutation qui « bouleverse de fond en comble l'armature symbolique de notre société » [2]. Là aussi, le croire n'en meurt pas. Au contraire, il « prolifère », en dehors des cadres institutionnels qui structuraient le monde et régulaient le religieux, et désormais sur fond de perte de mémoire et de disparition de la matrice utopique qui lui était liée, de temps et d'espace éclatés (on vit de « zapping »), de subjectivisation radicalisée, de nature manipulable à l'infini. C'est la poursuite du phénomène diagnostiqué dans *De la démocratie en Amérique* par Tocqueville

---

1. *Cf.* Ch. Taylor, *Multiculturalisme* (1992), Paris, GF-Flammarion, 1997.
2. *Catholicisme, la fin d'un monde*, Paris, Bayard, 2003, p. 19, 97 et 20.

comme un individualisme lié aux sociétés démocratiques, qui va maintenant jusqu'à marquer la fin d'un régime où l'institutionnalité primait [1]. Dans ce contexte où elles ne peuvent que se constater désorbitées, les Églises chrétiennes, en leurs formes traditionnelles, se retrouvent (se recyclent?) prestataires de services plus que corps d'identification, de structuration ou de naissance à soi.

Désinstitutionnalisation généralisée, individualisation forte, changement des dispositions socio-culturelles de fond, telles sont les données contemporaines. On n'est plus ici dans la perspective moderne qui opposait individu et institution, valorisant le premier, avec la spiritualité, voire la mystique, qui pouvait s'y rattacher. On n'est pas plus dans la simple question de la fausseté ou non des croyances proposées, le bien-fondé ou l'illusion de leurs représentations. C'est que l'on a moins affaire à contestation qu'à *déplacement*. Est du coup requise, en lien avec notre conjoncture présente, une démarche relevant d'une anthropologie du croire – et de façon plus spécifiée de la religion [2] –, aussi vrai qu'il convient de s'interroger sur les modes et les formes d'une symbolisation du monde et d'un rapport à altérité. Du croire ou du religieux semble en effet s'inscrire dans toute pratique sociale, entre l'individuel, le collectif et ce qui les dépasse, les institue, les régule ou les dispose (Michel de Certeau l'avait particulièrement travaillé).

Avant de reprendre cette interrogation, reprenons l'examen des données contemporaines.

1. *Cf.* Weber et Troeltsch réfléchissant aux modes d'institutionnalisation du religieux; M. Douglas, *Comment pensent les institutions* (1986), Paris, La Découverte, 2004 [2]; F. Dubet, *Le déclin de l'institution*, Paris, Seuil, 2002.

2. Outre C. Bernand, « Anthropologie religieuse », *art. cit.*, *cf.* D. Hervieu-Léger, « Faut-il définir la religion? », *Archives de sciences sociales des religions* 63/1, 1987, p. 11-30.

Recompositions et nouvelles formes religieuses

Parallèlement à la perte de substance sociale des traditions héritées et à un retrait du religieux hors de l'organisation du socio-politique, nos sociétés sont la scène d'un *religieux diffus*, non institutionnel, de *nouveaux mouvements religieux* aussi, de *réaffirmations identitaires* enfin.

Un religieux diffus

Prenons d'abord le religieux diffus. Il est particulièrement illustratif d'un changement du statut du religieux. On le voit s'affirmer dans le champ de l'alimentation (la cuisine macrobiotique, l'agriculture bio-énergétique, etc.), de l'hygiène de vie ou de la santé[1], en lien avec la maladie, plus à accueillir comme chance de changement que comme accident à combattre. S'y greffe la valorisation de voies spirituelles, de chemins personnels où se trouver. On y rencontre des références à des pouvoirs de l'esprit, à des vies antérieures et à des constellations diverses (familiales ou autres) mais non connues (tout au moins non sues de savoir conscient), à de la télépathie, de l'extrasensoriel, des états modifiés de conscience, des expériences autour de la mort, voire d'après-vie, de l'extraterrestre. Les thèmes en ont fait des apparitions dans le cinéma, la littérature, la bande dessinée.

Au plan des voies spirituelles proposées, plusieurs traits dominent. Tout d'abord, une polarisation sur l'individu, à l'enseigne d'une réalisation de soi à laquelle on est destiné ou convié, en lien avec du transpersonnel (que ce soit sous la forme de défis auxquels faire face ou d'expériences accumulées, qu'il faut reprendre pour dénouer ce qui, dans l'accès à soi, a pu empêcher des passages, ou pour intégrer ce qui est

---

1. *Cf.* D. Hervieu-Léger, *La religion en miettes ou la question des sectes*, Paris, Calmann-Lévy, 2001, chap. 4.

resté intouché). Ensuite, un horizon holiste, fait de correspondances, de résonances et de renvois, sur fond secrètement unitaire. Monde de gradations, de hiérarchies et de polarités, plus que de discontinuités ou de ruptures ; monde de parentés et d'harmonies, plus que de différences incommensurables ou d'altérité irréductible. C'est pourquoi on y parle volontiers d'énergies, inscrites dans la nature et le cosmos, ou dont sont faits la nature et le cosmos. L'ensemble apparaît enfin validé comme décalage ou protestation à l'égard d'une propension technocrate inhérente à l'organisation de nos sociétés et aux déploiements officiels de nos savoirs, ou à l'encontre d'une veine positiviste et instrumentale, héritée des schèmes mécanicistes promus à l'orée des Temps modernes.

À l'aune de considérations historiques de la longue durée occidentale, on repérera ici les traits d'une matrice de type gnostique : la matière, le corps, le monde extérieur sont vus et éprouvés comme lieu d'exil (un exil de l'âme) ou au moins comme n'étant pas le lieu de son identité profonde et authentique. Il y a à retrouver son lieu, où son identité peut se nouer et se déployer ; à accéder à un niveau d'harmonie. Au total, un « salut » par « connaissance » (*gnosis*), *via* approfondissement, travail sur soi, initiation, cheminement. Où rien n'est à « croire », en extériorité, mais où tout est à retrouver, par intériorisation.

On parlera d'une veine ésotérique, récurrence d'un patrimoine qui fait partie du fonds occidental[1], à côté des traditions chrétienne, juive, islamique (cette dernière étant bien présente au Moyen Âge, en Andalousie et ailleurs, notamment dans les débats philosophiques et théologiques), ou à

---

1. *Cf.* A. Faivre, *Accès de l'ésotérisme occidental*, t. I (1986) et II, Paris, Gallimard, 1996 ; J.-B. Martin, F. Laplantine et M. Introvigne (éds.), *Le défi magique*, 2 vol., Lyon, Presses Universitaires de Lyon, 1994.

côté de l'héritage gréco-romain (que ce soit sous la forme
d'une reprise, différée, au sein du christianisme ou sous la
forme de motifs indépendants). Cette inspiration ésotérique
est spécialement active au cœur de l'Antiquité tardive (voir le
Corpus hermeticum, aux IIe-IIIe siècles, renvoyant à l'Égypte),
au temps de la Renaissance (relectures de Platon, spiritua-
lismes, alchimie, Paracelse) ou au moment des Lumières
européennes (la franc-maçonnerie ou des théosophies).

Ce qu'on a appelé le *New Age* peut valoir comme
illustration[1]. Même si on en dit le mouvement dépassé, les
motifs qu'il cristallise restent, redistribués dans des courants
aux références diverses. Par ailleurs, le *New Age* n'a jamais été
un mouvement aux contours bien circonscrits, encore moins
un phénomène institutionnalisé, mais le nom d'une mouvance,
transversale. Le *New Age* affirme une primauté de l'esprit,
substrat primordial toujours présent et source de fécondité. À
l'encontre d'une nature objectivée, on y vise un élargissement
de la conscience, au gré d'un ordre d'appartenances et de
résonances cosmiques, transi d'énergies et déployé selon des
rapports entre macrocosme (l'univers) et microcosme (le
corps individuel), permettant aussi des liens avec des vies
antérieures et les défunts. Ici, tout se tient : ce qui se passe dans
nos vies personnelles trouve des répercussions sur un plan plus
large, et réciproquement, à l'encontre d'une vision validant
aussi bien la séparation et l'autonomie d'ordres particuliers
que les dualismes et les oppositions. On y renvoie à des entités
récapitulatrices, de type archétypal et personnalisé, qui
commandent à des passages par l'humain, moments d'intégration et de cristallisation du destin. Une voie ascendante en
est balisée, sur arrière-plan optimiste, où évolution et spiritua-

---

1. Présentation rapide, *cf.* C.-A. Keller, *New Age*, Genève, Labor et Fides,
1990.

lité vont de pair, comme si schèmes archaïques prémodernes (les jeux de consonances entre macro- et microcosme par exemple) et schèmes occidentaux modernes (un accomplissement au gré du temps et de ce qui s'y passe) se trouvaient portés à une certaine synthèse. Ainsi en est-il du motif de la réincarnation qui, en Inde ancienne, représentait une malédiction dont il fallait être délivré pour accéder au *nirvana* et qui, en ses formes modernes, vaut comme chance ou occasion supplémentaire sur la voie d'une réalisation personnelle; ou ainsi encore de la voie ascendante qui se marie, aussi bien pour chaque individu que pour l'humanité globale[1], à des phases successives de déploiement.

Thorwald Dethlefsen offre un exemple de ces thèmes. Le titre de l'un de ses ouvrages, *Le destin, une chance à saisir*[2], est déjà significatif : un motif ancien, le destin, et une perspective moderne, une chance à saisir. De même, l'un des sous-titres de la couverture, « la connaissance traditionnelle au service de l'accomplissement personnel », condense la double validation d'une tradition, prémoderne, et d'un accomplissement humain, moderne. En exergue du premier chapitre, on relève une démarcation à l'égard de ceux qui pensent que « le Tout est parvenu à sa manifestation de lui-même absolument sans raison ni plan », comme si l'on pouvait « séparer les dieux et les créatures, le cosmos et sa finalité ». Ce chapitre définit ensuite le « chemin ésotérique » comme « l'accomplissement de l'homme […], le dépassement de la polarité, l'union avec Dieu, le mariage mystique […], la conscience cosmique ». Il énonce aussi la « loi d'analogie » : « ce qui est en haut est comme ce qui est en

---

1. Pour exemple, R. Steiner, « La direction spirituelle de l'homme et de l'humanité » (1911), dans *Le christianisme et les mystères* suivi de *La direction spirituelle de l'homme et de l'humanité*, Paris, Fischbacher, 1968.

2. (1979), Aigle (CH), Randin, 1982 (rééd. Genève, Ambre, 2005).

bas ». Un chapitre consacré à la polarité explicite dès l'exergue que « les pôles opposés ont une structure identique mais des degrés différents » et que « tous les paradoxes peuvent être conciliés », tout en précisant, que si « le but » du « chemin évolutif humain » est bien « la domination des polarités », ce chemin n'est pas « direct », qu'il faut « passer par les oppositions » et qu'il y a même à reconnaître là une loi, sachant que c'est en s'y « soumettant » qu'« on obtient la libération ». Le chapitre sur l'astrologie est placé sous les auspices de Goethe évoquant le « Jour où le monde te fut prêté », ainsi que « la Loi sous laquelle tu es né » et « à laquelle tu ne peux [te] soustraire ». On y trouve l'approche de la maladie, centrée sur « la leçon » que le malade n'a jusqu'ici « pas voulu apprendre ». Abordée plus loin, la réincarnation va de pair avec un rassemblement, au plan de l'âme, d'« expériences acquises sur terre » et avec une « loi de compensation » qui « oblige l'homme à se trouver en face des problèmes non résolus, jusqu'à ce qu'il parvienne à les dépasser et à se soumettre à la loi d'équilibre ». « On ne recommence donc pas à zéro », mais « la maturité acquise sert de base à l'assimilation d'un nouveau savoir concret ». En tout cela, l'homme est vu et voulu comme « accomplissant son humanité depuis le monde sensible jusqu'au monde invisible » (dernier chapitre), non sans avoir précisé, au chapitre précédent (« la thérapie réincarnationiste »), que « maintes et maintes fois, tu retournes au sein de la Terre, toujours changeante, jusqu'à ce que tu parviennes à lire dans la Lumière, qui t'apprendra que Vie et mort sont UN », et que le moment visé est celui où « ta volonté contient la volonté du monde ».

J'ai évoqué, en début d'ouvrage, *La guérison par les fleurs* du docteur Bach (mort en 1936 à l'âge de cinquante ans). Il s'inscrit dans la même conjoncture, de même que les cours et formations qui s'y réfèrent. On peut y discerner une recherche de sens, non technocrate, une validation de l'émotionnel, peu pris en compte dans les thérapies médicales officiellement reconnues, la visée d'un équilibre de vie, moins artificiel et plus en rapport avec la nature donnée. Une sagesse donc, ancienne (« cinq cents ans avant Jésus-Christ, des médecins de l'Inde antique, sous l'influence du Seigneur Bouddha, amenèrent l'art de guérir à une perfection telle qu'ils pouvaient se passer de chirurgie », p. 20). Mais le côté explicitement religieux est bien présent (tout au moins dans les textes, les thérapies proposées ne se présentant pas directement à cette enseigne). Non seulement parce que « la maladie est, dans son essence, le résultat d'un conflit entre l'âme et l'esprit et ne sera jamais extirpée sans un effort spirituel et mental », précisant même que « quand [le malade] aura pleinement réussi [à neutraliser les forces adverses], la maladie disparaîtra » (p. 19), ni non plus seulement parce qu'est évoqué « ce radieux soleil dont l'éclatante lumière dissipera l'ombre de la maladie » (p. 55), mais en ce qu'on peut lire, dans les deux dernières pages de l'ouvrage, que « l'Univers est Dieu rendu objectif. À sa naissance, il est Dieu re-né ; à sa fin, il est Dieu plus hautement évolué », avant de voir précisé qu'il en est aussi ainsi de l'homme, le texte renvoyant alors au « Christ », « Médiateur », dont la « mission sur terre fut de nous enseigner comment arriver à l'harmonie et à la communion avec notre Moi Supérieur, avec Notre Père qui est aux Cieux, et partant d'arriver à la perfection, selon la Volonté du Grand Créateur de tout ce qui est ». Le dernier alinéa du livre commence d'ailleurs ainsi : « Venez donc, mes frères et mes sœurs, dans l'éclatante lumière de la connaissance de votre Divinité et mettez-vous au travail […], vous unissant à cette grande compagnie de la Fraternité Blanche, dont toute l'existence est d'obéir à la volonté de leur Dieu ».

J'avais aussi mentionné Rudolf Steiner (1861-1925), dont la mouvance est analogue. Père de l'anthroposophie (en dissidence de la théosophie moderne), connu pour ses écoles (eurythmie, mobilisation pédagogique des arts, etc.) et ses hôpitaux, Steiner adopte également, avant le docteur Bach, une approche globale de l'humain, où l'esprit et le corps sont vus en interaction à l'encontre du rationalisme ou du matérialisme modernes. Et ses propositions dépassent aussi la question d'une thérapeutique ou d'un équilibre de vie pour prendre un tour religieux, avec valorisation du rite et des dimensions cosmiques de l'existence; ses textes vivent d'une synthèse entre christianisme, réinterprété, et tradition ésotérique (motif de la réincarnation compris).

La référence aux Rose-Croix[1] est notable. Par exemple dans la conférence de Steiner à Dornach du 6 janvier 1924[2], où il évoque un Être « descendu du Monde Spirituel » – mais « humain » –, venu pour rappeler les « images grâce auxquelles fut révélé aux Rose-Croix ce qu'ils devaient savoir sur le Monde Spirituel. Elles contenaient à la fois une philosophie, une théologie, une médecine ». La conjoncture est typique, comme l'est une révélation où il y a à à « recueillir [des] symboles » en cheminant « parmi les étoiles », hors « état de conscience normal », ou encore la mention d'une « fraternité intime d'âmes, fraternité dans la Connaissance [et] dans la vie spirituelle », ou le renvoi, enfin, à des « entités du Monde Spirituel » qui « ne descendent pas sur terre », mais ont « accepté le sacrifice afin que certains buts soient atteints dans le Monde

---

1. Pour des données historiques : *La Bible des Rose-Croix. Traduction et commentaire des trois premiers écrits rosicruciens (1614-1615-1617)*, B. Gorceix (éd.), Paris, PUF, 1970; A. Faivre, *Accès de l'ésotérisme occidental* II, *op. cit.*, p. 263-289.

2. Dans *Mystères*, Genève, Ed. anthroposophiques romandes, 1977, p. 186-199.

Spirituel » et qu'à partir de là soit rendue possible une
« *impulsion vers la liberté* » (p. 189-196).

L'essai déjà cité, *La direction spirituelle de l'homme et de
l'humanité*, présente des développements touchant les âges
cosmiques dans lesquels se trouve enserrée l'histoire humaine.
D'abord, une donne spirituelle : « l'homme n'est pas seul, une
entité vit en lui qui à tout moment lui fait sentir qu'il est
capable de s'élever au-dessus de lui-même jusqu'à quelque
chose qui [...] grandira encore d'existence en existence ».
Cette entité, c'est « l'homme supérieur, l'homme divin, réalité
vivante dont il peut dire : "c'est mon guide, présent en moi" ».
Ensuite, une pensée qui doit s'élever « à un Soi plus vaste ». Un
lien enfin entre destin planétaire et destin de l'âme humaine :
« Le temps viendra où la terre aura parcouru sa course, alors
la planète terrestre, comme entité physique, se détachera
du groupe des âmes humaines qui l'habitent » ; de même :
« l'objectif idéal de l'évolution humaine est d'avoir assimilé,
avant cette mort de la planète physique, tous les fruits qui
peuvent être extraits de la vie terrestre » (p. 206 *sq.*).

L'histoire est divisée en sept « civilisations » post-
atlantéennes, auxquelles président des entités propres, avec
schème évolutif et passage par l'humain[1]. Steiner écrit :
« tandis que dans les temps beaucoup plus anciens, les entités
cosmiques que nous rencontrons se trouvent en contact direct
avec l'homme, la quatrième civilisation post-atlantéenne eut
pour but d'éprouver l'homme lui-même ». Ou, à propos des
rapports entre les entités cosmiques et l'histoire comme à
propos de l'humain, surplombé par la figure du Christ : « les

---

1. L'Inde, la Perse, l'égypto-chaldéenne, la gréco-latine, la nôtre, qui
commence vers le XIIe siècle, la sixième, dont les premiers symptômes
apparaissent, et une septième à venir, « La direction spirituelle de l'homme et de
l'humanité », *op. cit.*, p. 244 *sq.*

anges interviennent dans la direction de la cinquième période, avec des pouvoirs acquis pendant la troisième, et ces pouvoirs les rendent capables de recueillir en eux-mêmes les forces émanées de l'être […] qui domine toute l'évolution terrestre. La force du Christ agit sur eux. Cette force […] agit non seulement par Jésus de Nazareth dans le monde physique, mais aussi dans le monde spirituel sur les êtres surhumains […]. Les guides de l'ancienne Égypte[1] et de Chaldée […] ne se sont soumis à lui que *depuis* [leur] période » (p. 246 *sq.*). On notera au passage que l'union de la matière et de l'esprit va loin, comme en témoignent les affirmations : « la matière est édifiée selon l'esprit du Christ qui l'a progressivement ordonnée ». Ou : « on trouve le Christ jusque dans les lois de la physique et de la chimie, et ces sciences deviendront des sciences spirituelles » (p. 248).

J'ai parlé de patrimoine ésotérique européen (les références à l'Inde ou à l'Égypte sont plus révélatrices des groupes qui les mettent en avant qu'elles n'attestent une lignée historique), un patrimoine lié à un savoir caché, supposant initiation et voie d'approfondissement ou d'élévation, sur fond harmonieux, ordonné et cohérent. Cet ésotérisme s'abreuve à l'hermétisme, aux gnoses anciennes, à une tradition théurgique, à des théosophies, à la kabbale aussi. La vérité en est enfouie dans la mémoire, est condensée dans des figures archétypales (la vérité s'impose ici au gré d'images, non de déduction ou de calcul) et a été vécue par des « initiés » dont on peut tracer la chaîne, syncrétique en termes d'histoire (ou plus patrimoniale et archétypale que généalogique), par exemple : Enoch, Adam, Noé, Zarathoustra, Moïse, Hermès Trismégiste, les

---

1. La référence (mythologique!) à l'Égypte est récurrente dans la mouvance examinée; chez Steiner, cf. *ibid.*, p. 219 *sq.*, évoquant la tradition selon laquelle les « dieux eux-mêmes auraient régné sur l'Égypte ».

brahmanes, les druides, David et/ou Orphée, Pythagore et/ou Platon, les sibylles.

De nouveaux mouvements religieux

J'ai évoqué jusqu'ici les aspects d'un religieux diffus. La sociologue Françoise Champion a parlé à ce propos de « nébuleuse mystico-ésotérique »[1]. Mais en termes de recompositions, et toujours hors de ce qui arrive aujourd'hui sur le sol des traditions historiques constituées, il y a aussi à mentionner des mouvements plus organisés. J'en prendrai deux, la scientologie et l'Ordre du Temple solaire (en France, le rapport de la Mission interministérielle de lutte contre les sectes, du 7 février 2000, privilégie aussi ces deux mouvements).

Commençons par la scientologie, créée en 1952 par Ron(ald) Hubbard, né aux USA en 1911, qui a passablement voyagé, notamment en Orient, beaucoup écrit, y compris des œuvres de science fiction et de littérature fantastique, et dont certains éléments de biographie sont controversés. Ses recherches, hors cadre universitaire (ses démêlés avec les sociétés de psychologues ou de psychiatres seront vifs), visent la découverte d'une technologie appliquée. Il publie notamment *La thèse originelle* (1948), *La dianétique. La puissance de la pensée sur le corps* (1950), *Le pont vers la liberté totale* (1965). La scientologie connaîtra une croissance forte, malgré les critiques et les procès (accusations de manipulations psychologiques et d'extorsion financière).

La scientologie illustre à sa manière la validation du spirituel évoquée, ici liée à une domination qu'assure en l'humain le « thétan » – symbole pour vie et pensée – qui

1. Dans un volume édité avec D. Hervieu-Léger, *De l'émotion en religion*, Paris, Centurion, 1990, p. 17-69 ; voir aussi « Religieux flottant, éclectisme et syncrétismes », dans J. Delumeau (éd.), *Le fait religieux*, Paris, Fayard, 1993, p. 741-772.

commande au mental et au corps (sa réalité permet des expériences hors corps et des souvenirs de vies antérieures). Chacun est un « thétan », tombé dans le complexe « matière-énergie-espace-temps », dont il faut se libérer au travers d'une lutte contre des barrières cosmiques et en vue d'un accès à la liberté. Contrairement aux mouvances dont j'ai fait état jusqu'ici, la scientologie est un mouvement fortement structuré, selon une organisation internationale juridiquement et financièrement assurée, avec des programmes de formation harmonisés, une hiérarchisation des cadres, divers niveaux qu'on peut atteindre et, au sommet, le « Centre de technologie religieuse ».

Précédant la scientologie à proprement parler, la dianétique de Hubbard s'organisait autour d'une pulsion de survie (un maître-mot), visant une optimalisation des potentialités en vue d'atteindre au statut de « clair », débarrassé de toute névrose et psychose, ainsi que de toute inhibition. À l'horizon est promise une liberté totale. La scientologie est « une philosophie religieuse appliquée »[1], scientologie devant dire « savoir comment savoir ». Hubbard précise qu'elle est à même de « changer le comportement et l'intelligence », qu'« on y trouve la vérité pour soi-même », que le résultat des exercices proposés est « un renouvellement de la conscience de soi en tant qu'être spirituel et immortel ». Jusqu'ici, on se meut dans une atmosphère de type gnostique. Mais la jonction avec le savoir va loin, et il s'agit d'un savoir comme l'envisage l'époque moderne : la scientologie est une « science précise et exacte, conçue pour une époque de sciences exactes ». Etudier la scientologie donne un résultat visible et utilisable, non seulement en matière personnelle et spirituelle d'ailleurs, mais

---

1. L. R. Hubbard, *La découverte de l'âme humaine*, Los Angeles, Ronald Hubbard Personal Public Relations Office International, s.d., p. 43.

jusque dans l'organisation de sociétés commerciales. On se prévaut aussi d'une efficacité au plan médical : « la sciento-logie est le seul remède spécifique pour les brûlures causées par les radiations (bombe atomique) ». Plus globalement : « par le passé, les études humaines regorgeaient d'opinions. La Scientologie abonde en faits qui marchent ». Dans le même style alliant thèmes anciens et sciences modernes : « ce n'est qu'avec la scientologie que le mécanisme de la mort a été pleinement compris », comme séparation entre le « thétan » et le corps (quasi-réversible : « je suis mort officiellement [...] lors d'une opération [...]. J'ai décidé qu'on ne pouvait pas me jouer un tour pareil [...]. Je suis retourné et me suis emparé du corps au moyen de mécanismes situés dans la tête qui ont stimulé les battements du cœur. Je l'ai attrapé et d'un coup sec, j'ai remis le corps en vie »).

La vision historique supposée atteste le même primat scientifique de type moderne : « pendant des milliers d'années, les hommes ont cherché une liberté spirituelle absolue, une délivrance du cycle de la naissance et de la mort ; ils ont cherché une immortalité personnelle qui comporterait un état de conscience totale [on aura noté le poids de modernité dans l'interprétation : auparavant et en Orient, la délivrance du cycle indiqué n'ouvrait pas sur liberté personnelle et état de conscience]. En Scientologie, cet état a été atteint ». Ou : « les grands noms de la philosophie [grecque antique] considéraient qu'ils avaient échoué. Oui, ils avaient échoué [...]. Il leur manquait les mathématiques et l'électronique supérieures qui allaient permettre, plus de deux mille ans plus tard, le déve-loppement de leurs philosophies [...]. À l'avènement de la Scientologie [et] en celle-ci, les buts de la philosophie grecque vivent à nouveau »[1].

1. *Ibid.*, p. 44, 56, 59 *sq.*, 65, 69.

Examinons le second nouveau mouvement religieux
évoqué, l'Ordre du Temple solaire [1]. Il a fait parler de lui avec
les suicides collectifs de la nuit du 4 au 5 octobre 1994 à Cheiry
et à Salvan en Suisse (une cinquantaine de morts), ainsi qu'à
Morin Heights au Canada, probablement le 30 septembre
(cinq morts) ; à quoi il faut ajouter 16 morts analogues dans le
Vercors, en France, en décembre 1995. Personnages-clés : Luc
Jouret, né en 1947, médecin belge homéopathe, adepte de traditions orientales et plutôt charismatique, et Joseph Di Mambro,
né dans le Gard en 1942, horloger-bijoutier, féru de religiosités
parallèles et condamné pour escroqueries. De Di Mambro
retenons qu'il aura été membre, dans les années cinquante,
d'un « Ancien et mystique ordre de la Rose-Croix » et qu'il
aura co-consacré un « Temple de la Grande Loge Blanche
Universelle, Loge subordonnée de la Pyramide ». Parmi les
points centraux : l'idée d'un monde en mutation, avec des
éléments de type apocalyptique, sanctionnés par un appel « à
tous ceux qui peuvent encore entendre » et l'annonce de châti-
ments pour ceux qui ont trahi (vient s'y greffer le motif d'un
« transit » permettant de quitter cette terre) [2] ; un lien fort entre
données cosmiques et destinée humaine ; des thèmes hérités du
patrimoine ésotérique en ses formes modernes, notamment en
rapport avec les Rose-Croix (un passage par la matière et un
accès à l'unité ; des entités ayant parcouru leur cycle terrestre
et prenant des corps d'emprunt pour se manifester ici-bas ; des
initiés) ; des motifs chrétiens (un « Feu Christique » et un retour
au Père, une « Écriture » aussi, qui « s'accomplira »), voire
juifs, mais où le thème de la Loi est moins marqué d'altérité et
de transcendance hétérogène que Loi et Raison de l'univers
(des « Lois cosmiques » ou « naturelles ») ; des notes enfin qu'on

---

1. *Cf.* J.-F. Mayer, *Les mythes du Temple solaire*, Genève, Georg, 1996.
2. Voir aussi, *ibid.*, p. 108 *sq.* : délai accordé, dernière chance, etc.

pourrait dire moralisantes et réactives à l'égard de certains traits de l'évolution contemporaine (un abandon aux «jouissances immédiates» ou à une «liberté illusoire», un «monde en décomposition», une «civilisation décadente», une «dégénérescence de toutes les valeurs, religieuses, familiales, sociales, politiques», à quoi est opposée la tâche d'«éduquer une noblesse de l'âme» ou de «respecter la Nature»).

Le «Testament» de l'Ordre[1] illustre ces points, leur mélange et la prédominance d'une Raison de l'univers. Après avoir évoqué un «passage difficile de l'ère du Poisson dans le Verseau» (thème central du *New Age* dont j'ai fait état), il parle en effet d'une «Grande Loi de l'Echange», d'une «Origine» et d'un «Devenir» à respecter, de la «Justice Divine qui n'est autre que la Grande Loi de Cause à Effet», d'un «équilibre des Forces», d'une conscience humaine qui doit «dépasser le stade des croyances faites d'imageries et d'idolâtries» en se sachant «partie intégrante d'un Tout cosmique», d'un humain «multiple dans la forme, mais [...] UN en Esprit, UN en Essence», d'une «Connaissance des Lois universelles [...] au-delà de l'intellectualisme et selon l'Esprit de la *grande tradition*». Le transit final «pour un nouveau cycle de création» se dit conscient et volontaire : «nous quittons cette Terre pour retrouver, en toute lucidité et en toute liberté, une Dimension de Vérité et d'Absolu»; ou : «appartenant depuis toujours au Règne de l'Esprit [...], nous rejoignons notre Demeure». On y fait allusion à un chaos destructeur et régénérateur, à un Plan préétabli et à une Justice Immanente. Quant aux références explicites, on trouve, pêle-mêle : le Christ, Osiris, les Rose-Croix, le Graal, le Chandelier à Sept Branches, la Grande Loge Blanche de Sirius, les Sept

---

1. Dans R. Aubert et C.-A. Keller, *Vie et mort de l'Ordre du Temple Solaire*, Vevey, L'Aire, 1994, p. 57-78 (les expressions citées s'y retrouvent).

Entités de la Grande Pyramide de Ghizeth, l'Apocalypse. Le Testament se termine enfin, non sans consonances évangéliques, par un « ne pleurez pas sur notre sort, mais pleurez plutôt sur le vôtre » et, de connotation un peu différente : « sachez que de là où nous serons, nous tendrons toujours les bras vers ceux et celles qui seront dignes de nous rejoindre ».

La lecture d'extraits de témoignages et de documents donnés par Jean-François Mayer montre le jeu psychologique profond qui dénie les tromperies, avouant les avoir détectées au plan de mises en scène mécaniques ou électriques au cœur des cérémonies liturgiques et entreprenant de plaider pour une vérité intacte au-delà de ce qui pourrait la démentir (y est mené jusqu'à la caricature un élément qui se tient au cœur de la croyance[1]). Ainsi, p. 60 *sq.* : « je ne veux pas analyser les raisons qui auraient poussé à de pareilles tromperies [ajoutant : « certainement avec de bonnes intentions »]. […] Et ce n'est pas ces dires, vrais ou faux, qui pourraient me détourner de ce que je dois faire. Je continuerai à œuvrer dans l'Ordre et pour la mission tant que vous aurez besoin de moi et tant que je pourrai le faire ». Quant à l'idée d'un « transit final » vers le « monde merveilleux » qu'ils retrouveraient, elle avait été plusieurs fois mentionnée, et même de façon assez précise et impérative, mais parfois selon une réception spiritualisante, d'où : « à l'époque, […], je n'avais jamais pensé à un suicide collectif » (p. 82, 73).

Remarque intermédiaire quant à un déplacement

En vue de notre entreprise visant à cerner ce qu'il en est de la religion, il convient, après ce double aperçu sur le *religieux diffus* et les *nouveaux mouvements religieux*, de s'arrêter un instant. Deux traits caractéristiques de ces recompositions me

---

1. *Cf.* O. Mannoni, « Je sais bien mais quand même… », dans *Clefs pour l'imaginaire ou l'Autre scène*, Paris, Seuil, 1969, p. 9-33.

semblent en effet pouvoir être soulignés. Ils donnent corps au *déplacement* annoncé.

Un croire ou un savoir ? Un Dieu ou des énergies cosmiques ?

En ses formes ésotériques, validant des voies spirituelles visant équilibre, rapport sain au cosmos et approfondissement personnel, le religieux diffus dont j'ai fait état[1] se présente comme *savoir*. Savoir caché (opposé à celui des sciences analytiques et instrumentales), savoir archaïque (validé à l'encontre d'unilatéralités modernes) ou savoir de provenance autre (particulièrement orientale). Savoir à exhumer ou à retrouver. Faux savoir, diront certains ; savoir seul authentique et non atrophié, diront les autres. Mais savoir néanmoins. Les formes religieuses évoquées n'en appellent en effet pas à un *croire* qui serait autre qu'un savoir (du coup reconnu pour ce qu'il est) et qui impliquerait une posture spécifique du sujet, faite d'engagement et liée à un objet hétérogène, transcendant ou en excès ; un croire qui serait humainement et socialement à valider pour ce qu'il est, non-savoir justement. Cette conjoncture vaut également pour les nouveaux mouvements religieux : là aussi, on *sait*, et d'un savoir qui est, en principe, de toujours.

Non sans lien avec cet abandon d'un couple croire-savoir marquant une différence irréductible et des spécificités à préciser, une autre caractéristique des nouvelles formes du religieux contemporain me semble devoir être notée, qui signale elle aussi un déplacement par rapport à la tradition antérieure : la marginalisation, voire l'évanouissement, d'un rapport constitutif à un *Dieu* posé en forme de personne tout en étant reconnu autre, transcendant ou décalé, au profit de l'évo-

---

1. Tableau plus complet : F. Lenoir, *Les métamorphoses de Dieu*, Paris, Plon, 2003.

cation d'*énergies* striant un cosmos dont chacun participe. Une altérité constituante fait place à une homogénéité de fond [1], dans laquelle se déployer, sur laquelle se brancher. Et si l'altérité commandait un croire qui en réponde, au cœur du sujet (le « soi-même comme un autre » de Ricœur ou le motif de la « substitution » chez Levinas y donnent écho), l'homogénéité de fond peut se satisfaire d'un savoir, fût-il diversifié.

Je mettrai plus loin ce double point en perspective. Mais il nous faut encore, au titre des facettes du paysage religieux contemporain, nous pencher sur les modifications qui affectent les traditions héritées en Occident, singulièrement le christianisme.

Nouvelles formes à l'intérieur des traditions religieuses héritées

Ce qu'est une religion change. Plus que n'en ont conscience les croyants. Et quand elle se pense comme traditionnelle – ou renouvelée, mais au nom d'une fidélité bien comprise –, c'est au gré de phénomènes complexes de *reconstruction*, où sont plus en jeu les mémoires et les identités que l'histoire factuelle. Une tradition est toujours – et en matière de religion tout particulièrement – la mise en avant d'une continuité, avec ses mises en scène, *par-delà* une discontinuité de fait et ce qui en sourd de défis ou de provocations (c'est déjà le cas à propos des origines que se donne une religion [2]).

Touchant ce phénomène, les trois monothéismes inscrits dans l'histoire occidentale, le christianisme, le judaïsme et

1. Même diagnostic : D. Hervieu-Léger, *La religion en miettes, op. cit.*, p. 131-134 : « Plus le croire s'individualise, plus il s'homogénéise ».

2. Pour le christianisme, *cf.* mon texte « La question des "origines du christianisme" », dans S. C. Mimouni et I. Ullern-Weité (éds.), *Pierre Geoltrain ou comment « faire l'histoire » des religions ?*, Turnhout, Brepols, 2006, p. 341-355.

l'islam, présentent des trajectoires et des visages analogues, se polarisant entre libéralismes d'une part, s'adaptant aux modernités successives, et réflexes identitaires d'autre part, plus réactifs, où l'usage de la catégorie et du terme « renouveau » peut condenser bien des ambiguïtés. Au demeurant, dans ces veines religieuses ayant traversé des moments culturels divers, toute réforme vit à la fois d'une face restauratrice, archaïsante, et d'une face utopique, innovante [1].

Dans le christianisme, les libéralismes ont connu une heure de gloire au XIXᵉ siècle et au début du XXᵉ. Leur trop grande adaptation aux schèmes modernes, et du coup leur caractère dissolvant, pour eux-mêmes et quant à ce qu'ils pouvaient apporter à la société en termes de potentiel critique ou de force de proposition – à articuler sur les données du temps –, les ont en partie disqualifiés, ou tout au moins relativisés. On avait pu aller, chez le pragmatiste américain John Dewey par exemple – mais certains hégéliens en Allemagne offraient des parallèles, sans compter les projets « postchrétiens » de germanisation du christianisme –, jusqu'à identifier la démocratie américaine, surplombée par le motif de la « religion civile », avec les motifs chrétiens de l'incarnation et du corps du Christ [2]. Formes extrêmes, mais significatives. En Europe, les tranchées de la guerre de 1914-1918 ont brutalement mis un terme à l'optimisme de la Belle Époque et aux certitudes d'une modernité bourgeoise se pensant comme sommet du savoir, de la morale, de la culture et de la religion, décidément spirituelle en l'espèce, donc loin des rituels, tenus pour magiques et archaïques, loin des contraintes institution-

1. *Cf.* le chap. 8 de mon *Les monothéismes. Judaïsme, christianisme, islam*, Genève, Labor et Fides, 2006.

2. *Cf.* F. Jaeger, *Réinterprétations de la religion et théories de la société moderne*, Genève, Labor et Fides, 2006 (citations typiques, p. 131-168).

nelles aussi. La théologie et les Églises chrétiennes – on constate des parallèles dans le judaïsme, voire en islam – se sont dès lors redisposées selon divers « renouveaux », faits d'un rapport au passé plus dialectique et plus positif, ainsi que d'une conscience accusée de l'altérité de Dieu (en référence à Kierkegaard) et d'une redécouverte de la force contestatrice du religieux ou de son côté non normalisable (on a lu Nietzsche et sa critique de l'anthropocentrisme). D'où la théologie dite dialectique en protestantisme, les renouveaux patristique et liturgique en catholicisme, biblique aussi, une relecture de la tradition et de la kabbale dans le judaïsme, à l'encontre de la « symbiose judéo-allemande », ou, en islam, des réformismes se démarquant d'une *Nahda* libéralisante.

Aujourd'hui, on peut, en christianisme, se réclamer d'un postlibéralisme, comme on a pu parler de postmodernité, non sans lien à un pragmatisme de « jeux de langage » diversement opérationnels (à partir de Wittgenstein). Surtout, nous vivons – mais ce n'est pas toujours incompatible – un temps de recentrages identitaires. Veine « évangélique », au sens de *evangelical*, en protestantisme ; mouvement charismatique et réaffirmations ecclésiales en catholicisme. L'air est aux fondamentalismes et aux intégrismes, dans le christianisme comme dans l'islam ou le judaïsme, non sans analogies dans certains courants hindous, voire bouddhistes (nationalismes, mouvements sectaires).

Un cas typique : la mouvance evangelical

Née dans le premier tiers du XIXe siècle, à la suite de divers « Réveils » et sur sol anglo-saxon, la mouvance *evangelical* est une réaffirmation identitaire qui se noue en polarisation avec la modernité. Elle a donné lieu à des fondamentalismes : inspiration littérale de la Bible au premier quart du XIXe siècle et naissance spécifique du mouvement fondamentaliste entre 1910 et 1915 (parution de *The Fundamentals. A Testimony of the Truth*, tirés à trois millions d'exemplaires). Elle peut s'opposer aux théories de l'évolution comme l'illustrent les procès autour du créationnisme, à partir de 1919 et relancés récemment. Elle s'en prend volontiers à ce qu'elle nomme l'« humanisme séculier », à une décadence morale aussi ; c'est le cas du mouvement de la « Majorité morale » du pasteur Jerry Falwell lancé dans la campagne présidentielle de Ronald Reagan, qui marque une alliance avec les catholiques conservateurs autour de l'avortement, puis de l'homosexualité ou de la chasteté hors mariage, alors que, historiquement, les *evangelicals* tenaient le Pape pour l'Antéchrist (un motif par ailleurs récurrent, présent chez Luther ou dans les mouvements de réforme du Moyen Âge, ainsi chez les franciscains spirituels se référant à Joachim de Fiore que Umberto Eco a mis en scène dans *Le nom de la Rose*). Mais la veine *evangelical* est diverse et ne doit pas être sans autre renvoyée à un fondamentalisme, même si elle est assurément bibliciste. Elle est, par exemple, majoritaire dans les Églises baptistes des États-Unis auxquelles se rattache le pasteur Martin Luther King ou l'ancien président des États-Unis Jimmy Carter, chrétien engagé.

En outre, une réaffirmation identitaire n'est jamais réaffirmation seulement [1]. Elle est aussi production de formes nouvelles. C'est le cas de la mouvance *evangelical*. On peut le constater à propos de la compréhension de soi qui s'y forme et du type de rapport à la société qui s'y cristallise. La veine *evangelical* est sous-tendue par une vision où la différence entre ordre du monde, lieu d'un engagement humain actif et séculier, et ordre de Dieu, lieu du croire et de ses symbolisations, tend à se résorber. Le christianisme proposé est englobant ; au

1. *Cf.* S. Fath, *Du ghetto au réseau*, Genève, Labor et Fides, 2005.

nom de Dieu et pour le bien du monde. La matrice est celle d'une élection et d'une vocation, et la vision celle d'une terre promise, des motifs qui remontent aux pionniers investissant la terre américaine et tenant que les événements historiques sont dans la main d'un Dieu juste et fidèle [1].

Cette forme de christianisme est centrée sur une confession, et une confession libre. L'illustre le thème de la conversion personnelle : ici, on est *born again* (né à nouveau). Une forme plutôt autocentrée, d'où des risques de sectarisme. On ne se sent pas d'abord articulé à un « Bien commun » lié à une pluralité donnée avec la création même, sa pluralité irré- ductible et potentiellement heureuse. On ne se sent pas non plus prestataire de services, visant un mieux-être humain et social; encore moins responsable d'héritage et de transmis- sion, en termes de valeurs ou de repères partageables. On se comprend comme groupe de pression parmi d'autres, en concurrence et visant extension. Les thèmes doctrinaux du christianisme apparaissent en outre redistribués; on notera ainsi, à côté du motif de la conversion et d'un engagement dans le monde plutôt activiste, une prééminence de la Bible, un rôle pivot attribué à la croix du Christ comprise comme sacrifice sur fond d'une réalité foncière de péché (mort expiatoire) [2], la conception d'une incarnation directe de Dieu en Jésus, avec conception virginale et résurrection corporelle fortement affirmées.

Le rapport à l'externe me paraît bien illustré par le contraste suivant. Le président Eisenhower pouvait dire, au milieu du XXᵉ siècle : « Notre système de gouvernement n'a de

1. *Cf.* S. Fath, *Dieu bénisse l'Amérique*, Paris, Seuil, 2004, et *Militants de la Bible aux États-Unis*, Paris, Autrement, 2004.

2. Rejoignant les catholiques très conservateurs, les *evangelicals* ont apprécié le film *La passion* de Mel Gibson sorti en 2004.

sens que s'il est fondé sur une foi profonde et peu m'importe laquelle »; expression d'une « religion civile » que sanctionnait une série de manifestations patriotico-religieuses par-delà les confessions et dénominations. Appelé à prononcer la prière publique lors de l'investiture présidentielle du président Bush Jr, en 2001, le fils du célèbre Billy Graham, Franklin Graham, figure plus radicale que son père, l'a terminée contrairement à toutes les habitudes antérieures (il dût rédiger un livre d'autojustification) par un : « au nom de Jésus-Christ »[1].

La mouvance *evangelical* ici présentée ne prend pas en compte le pentecôtisme né au début du XXe siècle et qui connaît depuis une trentaine d'années une véritable explosion[2], notamment dans l'hémisphère Sud (en Amérique latine, en Afrique, en Asie du sud-Est). Autre forme de la même mouvance, mais moins encline à un fondamentalisme et à des affirmations doctrinales antilibérales, plus émotionnelle, voire extatique. À une provenance *evangelical* se mêlent des héritages afro-américains ou de religions locales anciennes. Le pentecôtisme se déploie à l'enseigne du Saint-Esprit (dans le christianisme, la Pentecôte marque le don qui en est fait), de sa présence actuelle, des dons de guérison ou phénomènes extraordinaires qui s'y rattachent. L'autorité ou la régulation y est moins doctrinale que personnelle et charismatique. Notons que le terrain catholique a connu, à partir des années 1970, un phénomène parallèle, parfois transconfessionnel, mais qui sera plus canalisé par l'institution épiscopale, le mouvement charismatique (communautés de l'Emmanuel, du Chemin neuf, du Lion de Juda et de l'Agneau immolé, etc.).

En dépit de ses aspects conservateurs, la mouvance *evangelical* est une forme de christianisme bien adaptée à la

---

1. *Cf.* S. Fath, *Dieu bénisse l'Amérique*, *op. cit.*, p. 57 et 110 *sq.*
2. *Cf.* H. Cox, *Retour de Dieu* (1994), Paris, DDB, 1995.

société contemporaine; d'où son succès, tendant à remodeler le protestantisme aux États-Unis, en Europe aussi, de façon moins forte mais néanmoins croissante, dans les pays du Sud encore, ou de l'ancien bloc soviétique. C'est qu'elle s'inscrit dans ses caractéristiques : individualisation du croire, primat de la décision personnelle, perte des héritages. Elle est ainsi le revers d'une situation en mal de médiations et de structurations institutionnelles ou symboliques, face cachée d'une société d'abord fonctionnelle, livrée à l'utilitaire et au court terme. Participant d'une désinstitutionnalisation et d'un éclatement généralisés, la mouvance *evangelical* se déploie sous la forme de mises en réseau, où l'individu et le local se trouvent insérés dans un maillage global, mais quasi en direct, sans médiation sociale à proprement parler, ni hiérarchie, relevant du choix individuel sur un marché libre et selon des associations en contiguïté. On est en pluralité religieuse radicalisée, hors régulation et consensus sociaux minimaux, hors interactions, sauf accommodements tactiques. Le développement de la mouvance *evangelical* s'insère sur ce point dans les mutations sociales décrites par Manuel Castells[1]. Elle allie d'ailleurs positions théologiques conservatrices – parfois réactionnaires – et maniement efficace des techniques de pointe.

Messianique – l'humanisme libéral des États-Unis de la première partie du XXᵉ siècle l'était aussi, dans une version sécularisante et optimiste, de même que, sur un autre mode encore, les théologies de la libération des années 1970 –, la mouvance *evangelical* prend place dans une matrice «millénariste» (de *Millenium*, temps mythique de mille ans devant précéder un déchaînement des forces du Mal avant le Juge-

----

1. *La société en réseaux* (1996), Paris, Fayard, 1998.

ment final)[1]. Vision pessimiste du monde, de frappe apocalyptique, avec mise en scène de combats cosmiques dépassant l'humain et l'histoire tout en les déterminant (mais l'apocalyptique n'a pas l'exclusive d'un renvoi à des dramatiques cosmiques, comme en témoignent le *New Age* et son basculement d'une ère du Poisson à une ère du Verseau, ou d'autres nouveaux mouvements religieux), et moins appel à une sagesse et à une spiritualité, même si sagesse et spiritualité peuvent aussi véhiculer un pessimisme foncier quant au monde (pensons aux quakers de l'Angleterre du XVIIe siècle déjà, ou au quiétisme français en terre catholique à la même époque).

Sur sol protestant, le millénarisme a souvent accompagné la dissidence ; ainsi, au XIXe siècle, les adventistes (polarisés sur l'attente du retour du Christ), les Témoins de Jéhovah qui en dérivent, ou les Mormons, dits aussi Saints des derniers jours (on y quitte encore plus nettement le christianisme) ; plus anciens, la Réforme radicale, contenue par les Réformateurs (Luther ou Calvin), ou le puritanisme anglais et ce qui s'en exporta en 1620-1640 dans cette terre promise qu'était pour eux l'Amérique. Mais un messianisme de type analogue aux millénarismes peut se trouver hors matrice chrétienne (voir, à la fin du XXe siècle, la « Grande Confrérie Blanche » russo-ukrainienne, ou la secte *Aoum* Vérité Suprême au Japon[2]).

Remarques conclusives quant à la situation contemporaine

J'ai examiné ici, sur des exemples choisis, quelques caractéristiques du paysage religieux contemporain. En me montrant attentif à ce qui indiquait autre chose que d'éventuels

1. *Cf.* H. Desroche, *Dictionnaire des messianismes et millénarismes de l'ère chrétienne*, Paris-La Haye, Mouton, 1969.

2. *Cf.* M. Introvigne, *Les veilleurs de l'Apocalypse*, Paris, Vigne, 1996.

transferts d'une religion à une autre ou que des *substitutions* d'une organisation religieuse à une organisation socio-politique : des *redistributions plus larges* et des *modifications de frontières* affectant ce qu'on peut considérer comme religion.

Ce qui se noue dans le religieux diffus (*New Age* et retour d'ésotérismes), dans les nouveaux mouvements religieux (à la scientologie ou à l'Ordre du Temple solaire, on pourrait en ajouter bien d'autres, des Raéliens à la communauté du Révérend Moon ou aux adeptes du Hare Krishna) ou dans les modifications internes aux religions héritées (ce qu'on a vu sur terrain protestant a des parallèles dans le judaïsme, qu'on pense aux *Loubavitch*, ou en islam, ainsi les « renouveaux » islamistes, ou encore dans le catholicisme, de la « Légion du Christ » fondée en 1941 à l'*Opus Dei* fondé en 1947) apparaît bien divers. Une caractéristique leur est néanmoins commune, c'est qu'à chaque fois la voie proposée se donne comme *particulière*, que ce soit sous la forme d'un repli sur des chemins personnels ou, dans des mouvements religieux aux contours affirmés, en renvoyant à des fondements spécifiques faisant office de source unique et directe de légitimité.

C'est d'ailleurs même en ses réalités ecclésiales autorisées, hors des mouvements conquérants évoqués (l'*Opus Dei* et les légionnaires du Christ ont été néanmoins reconnus au plus haut niveau), que le catholicisme donne aujourd'hui à voir, en comparaison à d'autres époques, une pente particulariste, plus autocentrée ou moins constitutivement liée à des données socio-culturelles et anthropologiques assumées. Il n'est pas rare en effet que les évêques et la stratégie officielle se réclament du droit d'être catholique à côté d'autres références religieuses possibles ; tel quel, cela ne peut bien sûr qu'être accordé, mais s'y cache quand même, dans l'argumentation, un rétrécissement de l'horizon sur le fond de quoi l'on se comprend, à l'interne, et l'on se présente, à l'externe. On parlait jadis de « théologie naturelle » (voir ce qui s'est cristallisé à Vatican I en 1870), sur un mode contestable certes, mais qui dénotait la largeur requise de l'horizon où prenaient ensuite place des affirmations plus spécifiées. Et Paul VI pouvait encore se présenter à l'ONU, en 1965, comme « expert en humanité », une formule dont la résonance peut paraître un peu prétentieuse – et vite soupçonnable quand elle est dite par un représentant de l'institution, *a fortiori* sous la forme de la papauté –, mais qui, prise *in meliorem partem*, est néanmoins significative de l'horizon choisi, celui de tous, dont les problèmes et les enjeux peuvent être objets de discours argumentables en raison, différends compris. Aujourd'hui, c'est le modèle du témoignage qui est volontiers mis en avant, voire du martyre, en tout cas des saints (Jean-Paul II les a multipliés), par définition décalés du monde : c'est leur fonction de dire un excès et une radicalité, certes significatifs, mais non de fournir, comme tel, un modèle pour l'humain.

Ajoutons à ce tableau les rassemblements appelés, sous Jean-Paul II, « Journées mondiales de la jeunesse ». Ils ont réuni des centaines de milliers de jeunes, pour une rencontre où, en marge de la société régulière, dominaient un émotif de type religieux, de la convivialité et de l'affectif : on se réunit autour du Pape et de ce qu'il peut symboliser – autre que l'ordinaire – indépendamment de ce qu'il dit réellement ; son discours, par ailleurs avant tout moral, n'est pas tellement discuté : il fait partie du jeu sans être concrètement suivi, même sur les lieux de rassemblement et sans que cela rompe l'harmonie ou soit vécu dans l'écartèlement. Les rassemblements à Taizé (lieu d'une communauté monastique fondée en 1940, d'origine protestante, mais progressivement entraînée dans l'orbite catholique), réunissant des dizaines de milliers de

jeunes autour du frère Roger (Schutz), notamment à Pâques
– ces rassemblements ont aussi essaimé hors de France, dès
1977 –, donnaient à voir une figure du religieux analogue.
Jean-Paul II s'en est d'ailleurs inspiré.

Ces caractéristiques du religieux contemporain rejoignent
ce que nous avons vu chez Marcel Gauchet : dans nos sociétés
occidentales, le religieux est toujours là, mais se dispose autrement et selon un autre rapport à la société. Et si le religieux se
dispose autrement, c'est que la société a changé. À la suite des
Lumières, la société avait pu se penser comme projet global et
en alternative à la religion sous sa forme alors dominante, dite
théologico-politique ; un projet à partir d'un homme autonome, contre un projet fondé en hétéronomie. Or, la société
contemporaine est en perte d'un tel projet, en panne même
de sens et de finalité. Elle a dû non seulement passer par la
critique et la relativisation, mais elle se retrouve comme vidée
de substance et de visée. D'où un champ libre que peut investir
le religieux, non pour un *retour* de la figure qu'en avait récusée
la modernité, mais sur mode nouveau, compatible avec la
nouvelle donne sociale, où la religion se voit chargée d'une
demande de sens qui doit pouvoir être choisi et assumé person-
nellement, hors appartenances ou structurations héritées [1].

On peut valider la quête ici requise, sur fond incertain et
pluriel, sans pour autant en faire un tableau idyllique. S'il y a
quête de sens et libre choix, ce sens n'est pas forcément huma-
niste : il peut être irrationnel, comme le montrent les affirmations de type fondamentaliste ou les formes apocalyptiques du
religieux contemporain. Mettre en avant la quête de soi qui se
fait jour ne doit en outre pas faire oublier que la transparence
qu'elle vise s'accompagne d'une assez radicale opacité au

---

1. *Cf.* D. Hervieu-Léger, *Le pèlerin et le converti*, Paris, Flammarion,
1999.

plan du devenir collectif. Quoi qu'il en soit, la forme que prend ici le religieux est assez nouvelle pour que Gauchet aille jusqu'à parler d'une « transmutation de l'ancien élément religieux en autre chose que de la religion »[1] (il sera rejoint sur ce point par d'autres[2]). Mais c'est probablement que le mot même de religion est chez lui déterminé par la forme chrétienne catholique de la Contre-Réforme à laquelle s'est frontalement opposée la modernité en sa teneur laïque française, ainsi que par ce qui est advenu au cœur des marxismes ou d'autres projets socialistes peu ou prou messianiques qui avaient pu jouer comme substituts des religions, une réalité qui a marqué sa génération et dont l'écroulement et la disqualification se tiennent à l'arrière-plan de son travail.

Dans nos sociétés contemporaines occidentales, le religieux paraît d'abord compensatoire et dit une insatisfaction foncière. Il sourd des pertes de sens collectives et sociales. Et il peut être d'autant plus facilement irrationnel – au jugement de ce qu'une pensée argumentée, appuyée sur les faits tout en étant réflexive, peut assumer et réguler – que le vide au plan collectif va de pair avec une société dont la gestion n'a jamais été aussi technique, instrumentale et fonctionnalisée. Max Weber avait déjà noté que, traditionnellement, religion et rationalité pouvaient aller au moins partiellement ensemble, et que le religieux prend des formes d'autant plus irrationnelles que se développe une certaine rationalité sociale[3]. En tout cela, le religieux reste – dans les formes mêmes qu'il adopte – un bon révélateur d'un état social, le plus souvent à l'insu des acteurs.

1. *La religion dans la démocratie*, *op. cit.*, p. 14.

2. Ainsi R. Debray, *Les communions humaines. Pour en finir avec « la religion »*, Paris Fayard, 2005.

3. *Cf.* J.-P. Willaime, « Max Weber (1864-1920). Genèse religieuse de la modernité occidentale, rationalisation et charisme », dans D. Hervieu-Léger et J.-P. Willaime, *Sociologies et religion*, Paris, PUF, 2002, p. 83 *sq.*, 108.

Mise en perspective généalogique

Statut et fonction de la religion, sur fond de modernité et de changements de la modernité

Les mutations que nous vivons touchent la question du statut et de la fonction du religieux. Elles le font sur fond d'une vision du religieux comme *système de croyances*. Le religieux diffus en cristallise en effet une vive mise en cause, alors que les recentrages internes aux traditions historiques constituées en produisent plutôt une forme radicalisée, mais défensive et non sans modifications, sur un mode compatible avec la société et n'allant pas sans perte.

La disposition du religieux comme système de croyances avait vu le jour au début des Temps modernes, suite à l'effondrement des représentations cosmologiques du Moyen Âge. Elle fut liée à l'émergence de christianismes confessionnels et opposés, catholique et protestant, voire luthérien et réformé. Dans cette disposition, la religion renvoyait à un *fondement* et à une *légitimation*. D'où le statut alors accordé à l'Église ou à la Bible, adossées à une révélation, en rupture avec le penser d'un Thomas d'Aquin par exemple. Ce fondement est compris comme *extérieur*, transcendant ou hétéronome, et il commande un *espace propre*, ecclésial ou, par extension, plus global, mais validé comme spécifique quant à son organisation et aux vérités qui y sont proposées. Or, dans l'Antiquité – classique comme tardive, même si c'est de façon différente –, le religieux n'avait ni ce statut ni cette fonction.

L'Antiquité gréco-romaine ; une première définition classique de la religion (Cicéron)

Les historiens de l'Antiquité classique répètent qu'en ce temps-là, le religieux n'est fait ni d'un *croire*, ni du renvoi à un

Dieu comme fondement extérieur et constitutif. C'est la prise en considération de ces deux points qui fait voir une différence forte quant à ce que nous entendons spontanément par religion, marqués que nous sommes par l'histoire occidentale, ses affirmations, ses dissidences ou ses refus, son ordre de problèmes. Or, ces deux points se tiennent justement au cœur des mutations contemporaines du religieux, qui touchent non le seul plan des affirmations – plan de références confessionnelles différentes d'abord, plan de foi ou de raison ensuite, avec les Lumières –, mais affectent le statut et les formes du religieux, nous faisant du coup sortir des visions substitutives qui ont marqué les Temps modernes.

Dans l'Antiquité gréco-romaine, la question du croire n'est pas pertinente[1]. Le religieux y relève d'un rapport au cosmos, fait de sagesse et de mesure, lié à la condition de l'humain. Des narrations et mythes divers[2], portés par les poètes, disent ce rapport ou le mettent en scène ; ils racontent le monde, diversement et où rien n'est à croire. Cicéron suppose cette disposition quand, au Ier siècle avant notre ère, il fait remonter, dans son *De natura deorum*[3], la *religio* à *relegere*, recueillir ou relire, compris comme une attitude de respect et de vénération, opposée à la démesure ou l'*hubris*.

En rapport avec le cosmos, le religieux antique est foncièrement rituel. Il y a des rites à accomplir, que le mythe accompagne. Les rites sont à accomplir en tel lieu, par chacun, que l'on soit étranger ou de passage, sans quoi la peste ou toute

---

1. *Cf.* J.-P. Vernant, *Mythe et religion en Grèce ancienne*, Paris, Seuil, 1990 ; L. Bruit Zaidman, *Le commerce des dieux*, Paris, La Découverte, 2001 ; J. Scheid, *Religion et piété à Rome*, Paris, Albin Michel, 2001.

2. Sur le mythe, Ph. Borgeaud, « La mémoire éclatée », dans *Théories de la religion*, *op. cit.*, p. 201-221 ; Cl. Calame (éd.), *Métamorphoses du mythe en Grèce antique*, Genève, Labor et Fides, 1988.

3. Livre II, XXVIII, 72, Bruxelles, Latomus, 1978, p. 102.

autre catastrophe cosmique peut survenir. Il y a un rite à accomplir, sans engagement croyant ni reprise sur soi. Cette figure du religieux est d'avant le christianisme, *a fortiori* d'avant la modernité. On pourra se demander néanmoins si et en quoi les données cristallisées du côté de l'Antiquité classique au travers d'un rapport au cosmos et de rites – comme il en est, du côté du judaïsme, de son rapport à la Loi et de ses rites – sont simplement levées et dépassées dans le christianisme, ou si elles s'y trouvent aussi reprises et, si oui, en quoi et comment. À quoi s'ajoute la question de savoir comment humainement évaluer tant le dépassement que la reprise, différée [1].

Le *croire* n'est donc, en matière de religion, pas toujours central, pas même toujours présent, au moins au sens fort de ce que la tradition théologique occidentale a pensé sous ce terme. Mais en christianisme, le croire se tient bien au centre, pour le meilleur ou pour le pire ; et notre modernité en a été marquée tant dans ce qu'elle refusait (une extériorité ou une hétéronomie) que dans ce qu'elle a cherché (une religion naturelle hors révélation requérant un croire) ou cherche aujourd'hui : diverses spiritualités exhumant un savoir caché.

Si la venue à l'avant-scène d'un moment de croyance est centrale en christianisme – à la différence du paganisme antique et, pour une part, du judaïsme –, il convient de noter que cette avancée s'inscrit dans une disposition qui affecte l'ensemble de l'Antiquité tardive. La spécificité indiquée n'est donc pas liée à une religion comme corps propre de doctrine et d'orientation, ici le christianisme. Elle ressortit au socioculturel et apparaît transconfessionnelle. À quoi il faut ajouter

---

1. En rapport aux religions antiques, *cf.* Thomas d'Aquin, *infra*, p. 95 *sq.* ; en rapport au judaïsme, mon dialogue avec Sh. Trigano, dans Sh. Trigano, P. Gisel et D. Banon (éds.), *Judaïsme et christianisme, entre affrontement et reconnaissance*, Paris, Bayard, 2005.

– et cela complique la généalogie d'ensemble et l'évaluation – que la perspective antique sur ce qu'est la religion ne meurt pas, mais peut être intégrée au christianisme. La définition de la religion donnée par Cicéron, ainsi que la perspective qui la sous-tend, se retrouvent en effet chez un théologien comme Thomas d'Aquin, qui ne conjugue pas la « religion » avec le croire (la « foi », objet par ailleurs de considérations théologiques fortes) : la religion relève chez lui d'une « vertu » humaine et non théologale, comme le développe le « Traité de la religion » qu'on trouve dans sa *Somme de théologie* (*IIa IIae*, q. 81-100). On peut dès lors s'interroger : qu'en est-il, dans le christianisme, du *théologique* – du Dieu et du croire –, et qu'en est-il du rapport au *monde* et au *cosmos* dès lors qu'on peut distinguer la « religion », relevant de l'homme et d'une vertu de sagesse, et le « théologal » ?

L'Antiquité tardive ; une seconde définition classique de la religion (Lactance)

Le christianisme émarge à l'une des caractéristiques de l'Antiquité tardive : une intériorisation du religieux. Hegel l'avait déjà vu. Aujourd'hui, on peut renvoyer aux travaux de Pierre Hadot[1], Peter Brown[2] ou Guy G. Stroumsa[3] ; de Michel Foucault[4] également, même s'il reste sur certains points insuffisant ou unilatéral, notamment quant à la compréhension du christianisme. Tous disent combien la personne, le sujet ou le soi y devient central. La religion se fait chemin d'approfon-

---

1. En particulier, *Exercices spirituels et philosophie antique*, Paris, Albin Michel, 2002[2].

2. Cf. *Genèse de l'Antiquité tardive* (1978), Paris, Gallimard, 1983.

3. Cf. *La fin du sacrifice*, Paris, O. Jacob, 2005.

4. Cf. *Histoire de la sexualité*, t. III : *Le souci de soi*, Paris, Gallimard, 1984 (à ce propos, P. Hadot, « Réflexion sur la notion de "culture de soi" », dans *Michel Foucault philosophe*, Paris, Seuil, 1989, p. 261-270).

dissement ou d'élévation. Elle est «exercice spirituel», comme la philosophie du temps, dont les Écoles imposent des règles de vie de type ascétique. Le christianisme participe de cette conjoncture (il se présente d'ailleurs comme une École) : ni appartenance à une cité, ni généalogie familiale (il les transgresse); et religion sans sacrifice externe, polarisée au contraire par une question touchant la vérité d'un accomplissement de soi. Philosophie et religion sont ici proches en ce que chacune fait acte de réflexivité. Ainsi le christianisme n'ira-t-il pas sans déploiements théologiques méditant le mystère de Dieu, les mystères de l'humain et du monde (une méditation qui comprend une dimension de théologie dite négative : niant tout symbole et rite pour aller plus loin que leur simple donné, même si c'est en les approfondissant), ce qui n'était le cas de la religion ni dans ses dispositions traditionnelles grecque et romaine [1], ni dans le judaïsme.

Rien n'illustre mieux l'intériorisation et la spiritualisation du religieux dans l'Antiquité tardive que ce qu'il advient du sacrifice. Une institution largement partagée au demeurant, que ce soit dans l'Antiquité gréco-romaine [2], où le sacrifice public sanctionne le lien social, la cité ou le peuple; ou que ce soit à Jérusalem à l'époque du Second Temple, dans le judaïsme de forme sacerdotale plutôt que rabbinique; ou bien encore en Inde [3]. La question du sacrifice s'est d'ailleurs souvent trouvée au centre des premières recherches d'histoire des religions.

1. G. G. Stroumsa, *La fin du sacrifice*, *op. cit.*, souligne p. 100 qu'en Grèce classique, la pensée, philosophique, reste extérieure à la religion, même quand elle la réfléchit.

2. *Cf.* M. Detienne, *Dionysos mis à mort*, Paris, Gallimard, 1977; M. Detienne et J.-P. Vernant (éds.), *La cuisine du sacrifice en pays grec*, Paris, Gallimard, 1979; J. Scheid, *Quand faire, c'est croire*, Paris, Aubier, 2005.

3. *Cf.* Ch. Malamoud, *La danse des pierres*, Paris, Seuil, 2005.

Dans l'Antiquité tardive, on passe en effet, tous courants confondus, ou presque, d'une ritualité d'appartenance civique et du lien qui s'y noue avec les dieux à une inscription sur le corps de la personne et à l'expérience spirituelle dans laquelle elle s'engage ; ou : du sacrifice rituel, externe, à l'offrande de soi et au cœur contrit, avec son ascétisme et un chemin qui vise à contempler Dieu, voire à en jouir. Porphyre l'exprime bien dans *De l'abstinence*, ou Jamblique dans les *Mystères d'Égypte*. On est là en néoplatonisme. Mais les gnoses donnent aussi forme à un religieux qui n'est pas sanction apportée à un ordre politique assigné à un lieu, mais chemin spirituel requérant un pôle personnel. C'est de spiritualisation ou de sublimation, dirait Max Weber, qu'il faut encore parler, quand le thème sacrificiel se retrouve, différé et transmuté, mais non effacé, dans la liturgie du judaïsme rabbinique ou dans ce moment central de la sacramentalité chrétienne qu'est l'eucharistie (voire dans la représentation d'un mystère du Christ, tout à la fois Homme primordial ou eschatologique et histoire d'un Jésus dont la mort marque la fin du sacrifice au Temple, en laissant les forces de mort s'inscrire sur son corps offert ou livré).

Le christianisme relève encore d'une autre des caractéristiques propres à l'Antiquité tardive, l'adossement à un Livre. Le phénomène prend place dans la même transformation de fond. S'adosser à un Livre, c'est en effet autre chose que s'inscrire dans une ritualité civique ou liée à tel temple, autre chose aussi que gérer un rapport au cosmos. Le Livre condense certes un mystère, en ce sens comme le cosmos (le Livre n'est pas, comme dans notre modernité, porteur d'un message : il est au contraire heureusement complexe et obscur) ; mais il est extérieur au monde et au présent, tout en pouvant être, le même, lu partout. Il se substitue ainsi à une prééminence de lieux différents et marqués par les dieux.

Dans le judaïsme, le Livre s'est substitué au Temple de Jérusalem, détruit par Titus en 70, et au sacrifice, dès lors rendu impossible ; il se tient au centre de la disposition rabbinique qui se développe en diaspora. Avec le christianisme, la mise en avant d'un Livre se lie à un religieux hors terre et hors appartenance ethnique. Il en va de même dans les Écoles philosophiques de l'époque, qui connaissent aussi leurs livres, tels les *Oracles chaldaïques*[1] chez les néoplatoniciens, texte écrit au IIe siècle, mais qui jouera le rôle de texte sacré au IVe, ou dans divers ésotérismes référés à l'Égypte (voir le *Corpus hermeticum*). Le Livre condense de l'archétypal (il pourra précéder la création du monde, aussi bien en judaïsme rabbinique qu'en christianisme ou en islam) ; et il s'exporte et appelle à une lecture (en traduction, ainsi pour le judaïsme d'Alexandrie, jouant l'acculturation hellénistique, ou pour le christianisme, qui a plutôt privilégié la Septante, la Bible juive de langue grecque, et qui passera ensuite au latin). Dans le religieux de l'Antiquité tardive, lire le Livre et se lire se rejoignent. On retrouve ici le soi, voire la réflexivité, d'autant qu'on se tient en reprise, en « secondarité » dit Rémi Brague[2], en « répétition » (*deuterosis*) dit Stroumsa[3].

Non sans être travaillée d'héritages divers – venant de Grèce, d'Orient, d'Égypte, du judaïsme –, l'Antiquité tardive donne forme à une nouvelle disposition religieuse, non uniquement dans ses contenus et ses doctrines (des ritualités

1. *Cf.* L. Brisson, « Le Recueil des *Oracles chaldaïques* et sa réception », dans E. Norelli (éd.), *Recueils normatifs et canons dans l'Antiquité*, Prahins (CH), Zèbre, 2004, p. 11-24.

2. *Europe, la voie romaine*, Paris, Gallimard, 1992.

3. *La fin du sacrifice*, *op. cit.*, p. 89 *sq.*, à propos de la Mishna en judaïsme et du Nouveau Testament en christianisme.

nouvelles, des références et des symboles autres, des enseignements inconnus), mais dans ce qui touche le statut et la
fonction de la religion : intériorisation, fin des sacrifices
rituels, avènement du Livre. Cette transformation va de pair
avec une donne qu'on peut dire sociologique ou socio-
politique. La nouvelle disposition du religieux paraît en effet
liée à l'avènement d'un Empire étendu aux dimensions du
monde et qui laisse les identités locales se désintégrer, faisant
du coup monter en première ligne l'individu, ses choix, ses
réseaux, divers malgré leur similitude formelle.

Le culte antique était un culte public, et s'y jouait une
identité collective ; ce que sanctionne Cicéron : « Que personne
n'ait de dieux séparément, soit nouveaux, soit étrangers, s'ils
n'ont été reconnus publiquement » (*Des lois* II, 19). Le religieux est maintenant lieu de choix, pluriels et pouvant être
antagonistes. On passe de la cité, une à chaque fois, à des
communautés, diverses et en réseau[1]. On peut se convertir.
Tout cela indique un travail à même l'humain et la venue à
l'avant-scène d'une question portant sur la vérité. Ce n'est que
dans un tel contexte que le christianisme peut se présenter
comme vrai, « vraie philosophie » ou « vraie religion » (deux
expressions équivalentes, ni la philosophie ni la religion ne
correspondant directement à ce que nous entendons sous ces
termes aujourd'hui, mais visant plutôt, les deux, une école de
vie), vrai étant à comprendre en lien avec ce qu'est l'homme
comme tel[2], qu'il faut expliciter, dans le même souffle.

---

1. *Cf.* N. Belayche et S. C. Mimouni (éds.), *Les communautés religieuses
dans le monde gréco-romain*, Turnhout, Brepols, 2003.
2. Augustin peut écrire : « la réalité même qu'on appelle maintenant la
religion chrétienne existait jadis [...] ; dès les origines, elle n'a pas fait défaut au
genre humain jusqu'à ce que vienne le Christ dans la chair ; et c'est alors que la
vraie religion, qui existait déjà a commencé à prendre le nom de chrétienne »,
Retractationes I, 13, 3.

Dès lors, paganisme et christianisme ne s'opposent pas comme deux systèmes de croyances. On est ici en dehors d'une comparaison terme à terme : les dispositions d'ensemble ne sont pas homologues (c'est souvent le cas en matière religieuse). Mais l'opposition fut lourde, entre une vision de la religion liée à un État ou à une cité et sanctionnant une tradition forte, où la question d'une vérité est sans pertinence (la question y est plutôt celle de la paix, entre les hommes et avec les dieux), et une École, une philosophie ou une spiritualité (une religion si l'on veut, mais à entendre dans le sens qu'ont alors ces deux termes), centrée sur l'humain et son accomplissement[1] : le christianisme ne pouvait que s'y trouver attaqué comme athée[2].

Dans l'Antiquité tardive, la nouvelle forme du religieux dont participe le christianisme est donc centrée sur l'humain, l'individu ou la personne, et le divin lui est directement rapporté ; réciproquement d'ailleurs : l'humain est polarisé par le divin. Mais l'accomplissement de l'homme qui s'y effectue peut, dans chacune des Écoles et propositions de spiritualité ou de salut, différer de mode. Déclassant le corps pour permettre à l'âme ou à l'identité profonde de s'élever au divin, le chemin proposé dans les gnoses et les néoplatonismes prend la forme d'une divinisation ou d'un retour, qui permet de rejoindre une nature essentielle par la sortie d'un exil et la séparation d'avec

---

1. Le christianisme acceptait « l'effondrement de l'équilibre sur lequel avait reposé la communauté païenne. Son initiation était conçue comme produisant des hommes arrachés aux complexités de leur identité terrestre. Son génie produisit une conception de la personne plus atomiste, moins tenue qu'auparavant par les liens de la parenté, du voisinage et de la région ». C'est pourquoi « les païens regardaient cette évolution avec une profonde colère religieuse », P. Brown, *Genèse de l'Antiquité tardive*, *op. cit.*, p. 145.

2. *Cf.* Ph. Borgeaud, *Aux origines de l'histoire des religions*, Paris, Seuil, 2004, p. 98.

ce qui y retient ; l'homme est alors conduit à retrouver son identité et à s'y reposer. Dans le christianisme, l'identité est plus à déchiffrer au cœur de mystères – les mystères du monde, de l'homme et de Dieu – et à recevoir au gré d'un travail sur soi en lien avec les autres (autrui et la cité terrestre). Chez les uns, on vise l'ataraxie (le repos). Chez les autres, on vit d'une relation – à soi et à Dieu –, faite d'inadéquation (on est dans le monde) et de surcroît (on y est assigné selon l'axe d'une transcendance).

D'un côté est atteinte la paix, paix pour l'individu, différente et plus radicale que la paix liée à l'équilibre assuré à la cité par la religion traditionnelle. De l'autre est mise en œuvre (selon transcendance) une visée par-delà l'ordre des choses ; mais cette visée passe par la chair et ce qui y est inscrit de mort (en immanence), à l'image d'un divin lui-même inscrit en chair et crucifié. Accomplissement de l'homme toujours, mais ici sur un mode récapitulatif, à chaque fois singulier, en extension aux dimensions du monde et à la dé-mesure de l'amour. La paix y est différée, même si l'on y goûte, et c'est moins une paix faite de retrait que d'intensification. Une anthropologie du désir s'en trouve sanctionnée (elle restera au cœur de la vision de l'homme dans les *Sommes* théologiques médiévales, comme déjà dans les *Confessions* d'Augustin, pour ne pas parler de la mystique), un désir certes à (re-)polariser sur le Bien, à l'encontre de toute déviation (de tout investissement sur un objet inadéquat), mais non, en principe, à restreindre.

C'est en consonance avec cette nouvelle disposition du religieux que, dans la première moitié du IIIe siècle, le chrétien Lactance peut, dans ses *Institutions divines*[1], opposer à l'étymologie cicéronienne de *religio* (le *relegere* : relire ou

---

1. IV, 28, 3-12 (Paris, Le Cerf, 1992, p. 232 *sq.*).

recueillir les signes et les traditions qui disent la place de l'humain dans un cosmos qui le dépasse) le *religare* (relier) : « C'est par ce lien de piété que nous sommes rattachés et reliés à Dieu. C'est de là que la *religion* a reçu son nom, et non, comme Cicéron l'a expliqué, du mot *relegere* ». Le motif, quoique étymologiquement faux aux dires des spécialistes, fera fortune dans notre histoire [1], et non seulement dans l'ordre du christianisme. Durkheim le sanctionne à sa manière : le sacré, c'est le lien (lien social, mais, chez Durkheim, la société est équivalente au sacré ou à Dieu). Et les anthropologues comme les sociologues modernes ont souvent brodé sur un religieux qui assurerait des liens et des lignées, et ainsi de l'identité.

D'un divin hors monde (un Dieu) requérant l'humain (un croire) au théologico-politique (un espace légitimé)

Reprenons l'interrogation généalogique ; qui passe par le christianisme, ce dont il a été le vecteur et ce qui lui est arrivé.

Dans la part de l'Antiquité tardive qu'illustrent le néoplatonisme ou les gnoses, on sort du monde, du corps et des institutions publiques. Le lien au divin suppose la voie spirituelle d'un détachement, centrée sur le soi profond. Il n'y a pas ici de Dieu transcendant et instituant. Sur ces points, on peut voir des analogies avec bien des caractéristiques de ce qui se cherche dans les nouvelles religiosités contemporaines. Dans le christianisme, les choses sont plus complexes. À l'époque considérée, c'est bien un rapport à Dieu qui est déterminant, en lien avec la personne comme telle. Deux choses sont néanmoins à prendre en compte. D'abord, ce rapport n'est pas direct, et il se

---

1. C'est qu'il est central en perspective chrétienne ; touchant les enjeux, *cf.* S. Margel, *Superstition. L'anthropologie du religieux en terre de chrétienté*, Paris, Galilée, 2005, p. 90-92, et Ph. Borgeaud, *Aux origines de l'histoire des religions, op. cit.*, p. 203-206 (et 268-270).

joue hors de tout espace homogène : il a lieu sans que le corps soit éliminé – le corps est dit créé par Dieu et promis à la résurrection, même si c'est un corps transformé –, donc à *distance* de Dieu et en un lieu où se tapit le *mal*, à la mesure d'un Dieu d'un autre ordre. Transcendance dit ici excès, lié à un chemin singulier à même le monde tout en en étant décalé, et non principe de totalisation, comme ce sera le cas dans des formes modernes distordant cet héritage, aux XVIIIe et XIXe siècles[1] ; et cet excès marque un hors-lieu : il est tout autant extérieur qu'intérieur, ou est un intérieur qui m'est plus intérieur que moi-même (*interior intimo meo*) et qui me travaille à l'interne. Deuxièmement, dans le christianisme ancien, le monde demeure, et les dimensions cosmiques dans lesquelles s'inscrit la vie humaine ne sont pas liquidées – elles trouveront d'ailleurs leurs expressions symboliques au sein de ce qui balisera les mystères de la posture croyante et de son accompagnement –, pas plus que n'est reléguée la posture de sagesse, non de savoir, qui s'y articule[2]. Mais si le monde demeure, ce n'est pas sans décalage. Deux ordres sont en effet maintenus, l'ordre dont atteste le *croire* et l'ordre du *monde*, et sur l'un comme sur l'autre, nulle adéquation ne se donne avec Dieu. Sur le premier, parce que s'y noue un procès spirituel de statut spécifique, au surplus marqué par une transcendance en excès venant secrètement travailler à l'intime ; sur le second, parce que le monde, maintenu, échappe à toute réduction à l'humain et ne peut qu'ouvrir sur la mesure et la sagesse (c'est le lieu de la religion au sens de

1. Avec citations de philosophes, théologiens et historiens des religions, *cf.* ma contribution « Qu'en est-il de Dieu ? », dans G. Emery et P. Gisel (éds.), *Le christianisme est-il un monothéisme ?*, Genève, Labor et Fides, 2001, p. 11-33.

2. R. Brague montre comment christianisme et dimensions cosmiques de la vie humaine ont pu se marier, avant les Temps modernes, cf. *La sagesse du monde*, Paris, Fayard, 1999.

Cicéron, que reprendra Thomas d'Aquin). Le fait même de ces deux ordres, irréductibles et asymétriques, renforce d'ailleurs l'absence d'adéquation au divin que j'ai soulignée.

Avec cette cristallisation de la nouvelle disposition apparue au cœur de l'Antiquité tardive, on est loin d'une forme institutionnellement chrétienne de la religion qui viendrait sanctionner, avec ses références propres, le statut et la fonction qui étaient les siens dans les mondes gréco-romain ou juif du Second Temple. Les conséquences en auraient d'ailleurs été plus que fâcheuses : ramener directement le spirituel chrétien sur le monde comme tel, ou inscrire ce monde sous le spirituel chrétien, n'aurait pu en effet qu'ouvrir sur un théologico-politique que l'Antiquité préchrétienne n'avait pas réalisé tel quel, quelles que soient ses propres violences par ailleurs. On est en outre tout autant éloigné d'une vision de la vérité comme connaissance « claire et distincte », pour parler comme Descartes au début des Temps modernes, que d'une « clarté » de la révélation, à commencer par celle de l'Écriture, comme le voudront les modernes à la suite de Luther, que ce soit pour adhérer à son message ou pour le refuser.

En tout cela, la disposition chrétienne incarne néanmoins une force et un risque. La force : un détachement des ordres d'appartenances naturelles, un dépassement du lien social, lien de la tribu, du peuple, de la cité. Le risque : que l'extériorité de la référence, décalée, en excès et au principe même d'un dépassement, commande non une subversion – où le réel demeure et se trouve même convoqué comme lieu d'un corps à corps constitutif –, mais une totalisation[1]. Comme l'écrit Serge Margel, c'est le risque ou « l'inévitable "conséquence" »

---

1. Ce fut une tentation forte, dès la reconnaissance accordée par l'Empire, comme l'atteste l'histoire chrétienne, même si cette histoire fut aussi marquée, et tout autant, de sa contestation et de son refus.

d'une religion qui se fonde sur une critique de l'institution, sur la séparation radicale entre institution divine et humaine, entre religion et société »[1]. Le christianisme a déclaré « superstition » les fondements de la cité antique au nom d'une transcendance radicale et d'un accomplissement de l'homme comme tel. Mais la religion chrétienne pourra devenir elle-même lieu de superstition : le lieu d'une idolâtrie des formes auxquelles elle a donné corps ; d'où des mouvements récurrents de réformes d'ailleurs, de dissidences aussi, et, en modernité, la recherche d'une religion *naturelle* fondée en raison, hors institutions héritées, particulières, positives. Ajoutons que si cette dernière quête est née d'avoir critiqué *la* religion – de fait dans la forme chrétienne cristallisée au cœur de la mutation apparue dans l'Antiquité tardive, mais qui aura ensuite engendré le théologico-politique –, elle va donner lieu à de simples renversements, ouvrant sur une *politique de forme religieuse*, tels certains modèles de laïcité, les marxismes, d'autres messianismes sécularisés. L'interrogation sur ce qu'est la religion, entre une perspective anthropologique qui en décrirait le terreau et une reprise qui en dirait la force, en est relancée. Et, avec elle, la question de ce qui fait et balise notre destin.

INDIVIDU ET INSTITUTION EN TENSION

La question de l'institution de la religion se tient au cœur de notre interrogation. D'abord parce que c'est comme institution que l'homme moderne se représente la religion et qu'il la critique : il fait face à des religions instituées, différentes et concurrentielles, à des sectes aussi (il n'a plus de quoi penser ce qui les distingue, hors critères quantitatifs) ; ensuite,

1. *Superstition, op. cit.*, p. 100.

parce que la question de l'institution relance celle des formes
que peut prendre le religieux.

Entre un héritage de longue durée et un présent
fait de dérégulation

En ces matières, on est dépendant de matrices historiques
de longue durée. Concrètement, nous sommes marqués par le
christianisme, une forme religieuse dont le regard est spéci-
fiant, distinguant pour commencer, en principe, ce qui est
culturel – ce qui relève du politique aussi – et ce qui est
religieux, même si les choses sont de fait mêlées. Au plan
religieux, le christianisme est en outre une forme de religion
qui vit d'un geste canonique (du grec *kanon*, mesure) instau-
rant un Livre (la Bible), qui découpe et sanctionne une mise en
scène figurative et symbolique, en distinction de ce qui est
religion vécue. L'Ancien Testament – ou la Bible juive – n'est
pas le reflet de la vie religieuse de l'Israël ancien, mais une
sélection, une mise en perspective et une reconstruction ; de
même, le Nouveau Testament ne reprend pas tout ce qui peut
être religieusement dit de Jésus, mais, là aussi, sélectionne la
mise en scène et la construction. Ce qui reste hors canon, que
cela relève de traditions populaires ou d'expressions culturelles élaborées, n'a pas le même statut, même s'il peut être
mobilisé (ainsi de motifs apocryphes, de vies de saints, de
récits d'édification) et utilisé (la littérature, les arts), ou être au
contraire tenu pour maléfique ou hérétique, mais alors au vu de
son contenu concret, non parce qu'il ne serait pas canonique.

Délimiter ce qui est religieux et ce qui est autre relève d'une
disposition socio-historique et n'est donc pas naturel, mais
institutionnel : y est en cause une mise en forme spécifiante du
monde. Qu'en outre, au cœur de ce qui peut être tenu pour
religieux, on sélectionne ce qui doit être reçu comme exem-

plaire et qui peut ouvrir une orientation accuse cette posture de fond. Par contraste, on signalera qu'en Inde par exemple, fonds culturel traditionnel et déploiement religieux se donnent sans distinctions ni frontières (on peut dès lors dire que le concept de religion n'y est pas pertinent); le religieux n'y est pas non plus structuré ni déterminé par du canonique (les *Vedas* par exemple relèvent plus du patrimoine, trésor immémorial originaire, que de la construction, instauratrice et ainsi instituante, allant avec différenciations et jeux d'oppositions).

Nous vivons aujourd'hui un temps de dérégulation. La religion en est touchée, comme d'autres secteurs de la vie, sans que cela signe pour autant la mort du religieux, ni non plus sa seule survie dans des communautés intégristes ou fondamentalistes délibérément en marge, voire dans de nouveaux mouvements faisant aussi dissidence sociale (ils sont plutôt manichéens, le monde y étant en fin de compte tenu pour mauvais) ou portés à l'apocalyptique (le monde va périr du mal qui l'étreint ou le commande). Du religieux peut se retrouver ailleurs, diffus, pas franchement institutionnalisé, sans frontières assignables.

On trouve une critique de l'institution dans les nouvelles formes religieuses aussi bien que dans les communautés dissidentes. Dans les premières, le démarcage à l'égard de l'institution chrétienne est net: on y célèbre des vérités qu'on tient pour plus authentiques et qu'on estime avoir été illégitimement réprimées, et l'on se réclame de sagesses ou de savoirs qu'on veut moins arbitraires et hétéronomes; ce qui n'exclut pas, selon les cas, des codifications fortes, un exercice de l'autorité, une ritualité stricte. Dans les secondes se prolonge une critique interne à l'institution dominante[1]. La tension

---

1. Sur ses formes modernes, *cf.* J. Séguy, *Conflit et utopie, ou réformer l'Église*, Paris, Le Cerf, 1999.

entre l'institution ecclésiale et l'individu croyant est en effet constante en christianisme, l'institution ne pouvant – ne devant en principe pas, aux yeux du christianisme le plus autorisé – résorber le pôle individuel, mais l'accompagner en termes de symboles donnés, de ritualité offerte, de précédences instructives ou inspirantes, de régulations effectives. Il y a tension, parce que si les deux pôles ont de droit leur validité – à préciser et à limiter –, leur teneur et leur différence mêmes les mettent en opposition et peuvent les exacerber l'un comme l'autre : une institution qui, de marque de différenciation à l'égard de la nature et du social, va s'autonomiser et se sacraliser, un pôle individuel qui, de l'irréductible qu'il représente en son secret intime et « devant Dieu », peut aussi s'autonomiser, sûr de ses seules certitudes et expériences, radicalisant l'appel ressenti ou la voie qui s'offre à lui en direction d'une pureté (les Cathares en ont fourni une illustration), d'une exigence de sainteté (écoles de spiritualité catholiques, puritanisme protestant, etc.) ou d'une mystique pouvant donner lieu à des pathologies. Avec la modernité, la tension s'exaspère, l'institution se faisant corps propre et autolégitimé, au surplus sur la défensive, le pôle individuel se faisant plus aventureux, en quête parfois éperdue, comme l'a souligné Michel de Certeau.

Les ambivalences d'une critique de l'institution

Partons d'une conjoncture instructive, en outre non sans parallèle avec notre présent, qui se déploie au seuil du XXe siècle. Moment où le spirituel – voire le mystique, mais selon une version plus assagie que ce qui s'était développé sous ce nom dans des temps antérieurs – est valorisé à l'encontre de l'institution, en philosophie comme en matière de réflexion religieuse. On y défend l'« énergie spirituelle » ou la « source vive » qui se tiendrait à la racine des religions et que ces mêmes religions, s'institutionnalisant, répriment ou contrôlent selon des stratégies de pouvoir. On valorise l'appréhension directe ou immédiate qui se cristallise avec le religieux, par-delà le moment intellectuel, les doctrines ou les constructions métaphysiques, par-delà la morale aussi, au sens de codes et obligations. Mais on garde de l'aspect intellectuel une propension à l'unité et à la cohérence, fussent-elles rapportées à l'individu, et de l'aspect moral une valorisation de la pratique et des effets de la religion. La vision de la religion apparaît ici spiritualiste – ni rituelle, ni ecclésiale – et assez franchement optimiste ; on tend en même temps à dépasser toute référence à un objet défini, un Dieu pour commencer. La religion est proche du « sentiment océanique », selon les termes de Romain Rolland en 1927 dans sa correspondance avec Freud. « Sens et goût de l'Infini » ou « intuition de l'Univers » disait déjà Schleiermacher à l'aube du XIXe siècle, ce théologien qu'on voit volontiers inaugurer le protestantisme libéral et qui s'expliquait, à la fin de son deuxième Discours, sur la question de Dieu pour conclure ainsi : « une religion sans Dieu peut être meilleure qu'une religion avec Dieu », et « Dieu n'est pas tout dans la religion, mais l'un de ses éléments, et l'Univers est davantage que lui ». Porté par le romantisme, le jeune Schleiermacher – ses textes de maturité accorderont plus à la positivité religieuse – privilégiait ainsi une vision qui s'élève « jusqu'au point où tous les antagonismes se réconcilient, où l'Univers se présente comme une totalité, comme une unité dans sa diversité » [1].

La conjoncture ici interrogée est transnationale : William James aux États-Unis, cernant une *psychè* religieuse par-delà la variété de ses expressions (il est actuellement redécouvert dans les pays francophones, parallèlement au pragmatisme) ;

---

1. *De la religion* (1799), Paris, Van Dieren, 2004, p. 29 *sq.*, 70 et 73, 71.

Georg Simmel en Allemagne, validant la religion comme dimension de la vie par-delà ses objectivations croyantes (il est aussi très cité ces temps-ci, les sociologues ne renvoyant plus aux seuls Durkheim ou Weber), ou Ernst Troeltsch se réclamant d'un spiritualisme qu'il a vu à l'œuvre dans l'histoire des groupes chrétiens et au cœur des processus de transformations des traditions religieuses (il est étudié depuis peu, par contraste avec les héritages de la théologie dialectique); Henri Bergson en France, opposant « religion dynamique » et « religion statique » (central dans *Les deux sources de la morale et de la religion* de 1932)[1], ou « religion vivante » et « religion en conserve », dira plus tard Roger Bastide. On en appelle à une « philosophie de la vie », notamment chez Simmel ou Bergson (le premier sera influencé par le second), à une « philosophie de l'action » dit à la même époque Maurice Blondel. Chacun vit d'une opposition, typique pour notre propos, entre pulsion générale ou disposition humaine fondamentale, traversant l'existence comme telle (une « religiosité »), et cristallisations particulières, avec leurs « contenus » (des « religions »). Ce qui est vu comme religieux sous le premier aspect apparaît indépendant d'objets qui le définiraient, et peut du coup investir tout objet ou réalité du monde et de l'existence.

Le célèbre ouvrage de William James, *The Varieties of Religious Experience. A Study of Human Nature* de 1902[2], en deux parties, « les faits » et « les fruits », est ici exemplaire. Tentant de cerner la religion, James écrit: « la pensée religieuse: c'est la croyance qu'il existe un ordre de choses invi-

1. Bergson et James échangent correspondance (dans H. Bergson, *Mélanges*, Paris, PUF, 1972), et Bergson écrira en 1911 une préface à un ouvrage de James (cf. *La pensée et le mouvant* [1934], Paris, PUF, 1950).

2. *L'expérience religieuse* (1906), Lausanne, Concorde, 1931[3] (mise au point bibliographique dans F. Jaeger, *Réinterprétations de la religion et théories de la société moderne*, *op. cit.*, p. 185 *sq.*).

sible, auquel notre bien suprême est de nous adapter harmo-
nieusement» (p. 45). Il avait auparavant parlé de «rapport de
l'individu avec ce qui lui apparaît comme divin» (p. 30), selon
une formule qui, quant à la référence au divin, se radicalise peu
après : «il faut pénétrer […] jusqu'au sentiment mystérieux que
nous avons tous de l'éternel ensemble» et viser ce qui en nous
est «la réponse la plus complète, la plus personnelle que nous
puissions faire à la question : Comment faut-il apprécier
l'univers?» (p. 31).

La priorité est à l'harmonie, à un pôle individuel et à un
invisible qui confine à l'univers : «les plus hautes manifestations du mysticisme sont orientées vers un but auquel tendent
déjà les sentiments religieux des hommes les moins mystiques.
Elles nous parlent de la suprématie de l'idéal ; elles nous parlent
d'union avec l'infini, de sécurité, de repos» (p. 362). La conclusion confirme : «le monde visible n'est qu'une partie d'un
univers invisible et spirituel», ou : «la fin de l'homme est
l'union intime, harmonieuse avec l'univers», James validant
un «enthousiasme lyrique» et un «héroïsme exalté» (p. 405).
D'où la conclusion : la religion n'est pas une «survivance
anachronique, qu'on doit corriger en guérissant l'imagination». Il y a au contraire à valider «les sentiments et les actes
individuels [qui], pris en eux-mêmes, sont des réalités au sens le
plus fort du terme» (p. 415 *sq.*). On touche ici la «partie
subjective» de l'homme, état de conscience «plein», qui
appartient à la «catégorie des réalités véritables, des énergies
qui meuvent le monde» (p. 431).

James met l'accent sur l'individu et sur le transconfessionnel, proche de la raison. Il convient d'«éliminer» le
«local» et l'«accidentel», et du coup les différences, de
«débarrasser le dogme et le culte des incrustations dont le
temps les a recouvertes», de confronter aussi les «doctrines

religieuses avec les résultats de la science moderne» pour rejeter celles qui sont «devenues absurdes, c'est-à-dire incompatibles avec les données scientifiques», de distinguer enfin « la part de ce qui est expression symbolique ou naïve croyance de ce qui doit être pris à la lettre». On contribuera ainsi à «mettre d'accord» les croyants, d'autant qu'on aura bien «discerné les éléments essentiels et communs de toutes les croyances particulières» (p. 381). Dans sa conclusion, James renvoie au bouddhisme, un bouddhisme qui, fût-il adapté voire édulcoré, attire à nouveau aujourd'hui nos sociétés au cœur de ce que j'ai appelé le religieux diffus, et qui est aussi reçu comme spiritualité plus que comme religion, hors ou indépendamment des institutions.

Chez James, la méthode se veut «empirique» ou «pragmatique» (Blondel défendait une «méthode d'immanence»); et il valide un pôle «personnaliste» au cœur des pluralités données, comme moment de dépassement interne, à l'encontre de tout supranaturalisme («extrincésisme» disait Blondel), «entre les deux périls de croire trop peu ou de trop croire» et en lien avec l'obligation d'exercer des choix d'existence entre des propositions diverses dont le seul entendement ne vient pas à bout [1].

Un siècle plus tard, nous ne vibrons plus aux mêmes mots. Nous sommes, surtout, moins optimistes quant à un progrès de l'humain dans l'histoire, et plus réservés, voire méfiants, quant à une conciliation entre la science et la religion; d'ailleurs, si les nouvelles formes de la religion contemporaine se veulent des savoirs – ce qui reste symptomatique –, c'est sur un fond de divergences quant aux savoirs eux-mêmes et à la manière d'en user. Significativement, le sociologue Peter

---

1. *La volonté de croire* (1897), Paris, Les empêcheurs de penser en rond, 2005, p. 36 et 47.

Berger ne peut se réclamer de la tradition protestante libérale qu'en abandonnant son optimisme et ses naïvetés historiques [1]; et nous faisons tous l'épreuve de nos différences, allant même jusqu'à nous en réjouir, malgré – ou d'autant plus – une mondialisation technique et sociale, malgré aussi divers oecuménismes ou autres échanges interreligieux. Si l'institution est aujourd'hui toujours spontanément mise en cause et le pôle individuel à nouveau fortement valorisé, comme le spirituel et les visions unifiantes sur lesquels il peut ouvrir, on ne pose en revanche plus, en philosophie, en anthropologie et en sciences sociales, individu et institution comme une alternative entre les termes de laquelle il faudrait choisir. On tient plutôt qu'il n'y a pas d'humain sans diverses médiations, sans matrices symboliques, sans constructions socio-historiques, sans héritages [2]; comme il n'y a pas d'esprit ni d'idéal sans corps, avec ce qui le traverse d'ambivalences, de dette et de désir, d'endurance aussi, et des marques qui s'y impriment.

On pressent aussi qu'en fin de compte, il n'y a action, fécondité et transformation qu'en lien avec de l'institutionnel. Ce qui suppose qu'on ne réduise pas les institutions à l'hétéronomie, mais qu'on en découvre les complexités, les dynamiques internes, les instabilités et les possibilités; à déchiffrer, et dont se laisser instruire. C'est à nos yeux la condition (non suffisante!) d'une meilleure connaissance du réel et d'une action qui y soit opérante. À vrai dire, l'homme part toujours de l'institutionnel, qu'il le veuille ou non, donc de l'histoire et des socialisations effectives, fût-ce sur un mode critique ou

---

1. *L'impératif hérétique* (1979), Paris, Van Dieren, 2005, p. 147 *sq.*

2. B. Latour, *Jubiler, ou les tourments de la pensée religieuse*, Paris, Les empêcheurs de tourner en rond-Seuil, 2002, est ici typique, *cf.* « Retrouver le goût de l'institution », p. 188-194 (l'ensemble souligne la désormais non-pertinence d'une appréhension de la religion comme système de croyances).

contrastif; sauf rêve de la « belle âme », impuissante, il ne peut qu'en viser une amélioration ou une forme différente, non une résorption. Sur ce point, bien des illusions modernes se sont effondrées, idées d'un recommencement à zéro, comme à un premier matin de l'histoire où le monde serait livré aux seuls pouvoirs de l'homme, à partir de ce qu'il sent et veut. La matrice en était inscrite au cœur des Lumières, alors de type plutôt politique et quasi messianique, et elle se retrouve sur un mode individualiste et spiritualiste au début du XXᵉ siècle, avant les horreurs de ce que Alain Badiou a appelé le « petit siècle » (de 1914-1918 à 1989)[1], livré à la passion de changer l'homme au gré d'une pensée « radicale », vitale, subjective et décisionniste; totalisante aussi du coup, et tenant les médiations pour peu propices à l'authenticité.

Si l'institutionnel peut ne plus être vu aujourd'hui comme un pôle monolithique et uniquement négatif, vide de l'humain et aliénant, le pôle individuel ne nous paraît pas non plus simple, ni univocément positif. Là encore, nous ne partageons plus l'optimisme moderniste de la Belle Epoque. C'est que la « belle âme » n'est pas seulement impuissante (en matière religieuse, les libéralismes se sont souvent avérés peu créatifs ou naïfs[2], l'islam l'éprouve douloureusement ces temps, et le catholicisme ne le sait que trop et se raidit); elle peut se faire dangereuse. Il y a certes à reconnaître les enfermements de l'institution et les violences de l'histoire, à dénoncer les processus d'idéologisation ou d'idolâtrie qui se tapissent dans les religions, et pas seulement en leurs formes fondamentalistes ou intégristes (le passage par la critique moderne de la

---

1. *Le siècle*, Paris, Seuil, 2005, p. 10 et 52, et plus largement pour les diagnostics.

2. Troeltsch s'est débattu avec cette donnée, voir le chap. 2 de mon livre *La théologie face aux sciences religieuses*, *op. cit.*

religion restera donc pour nous obligé). Mais il y a aussi à débusquer les pièges des rêves qui se veulent au-delà, ou en deçà, de l'institutionnel et de l'histoire. C'est qu'ils se révèlent vite désirs de présence directe, en connexion avec le fondamental ou l'originaire, avec une énergie vitale ou cosmique. Le XXe siècle l'a illustré, avant que les échecs nous fassent tomber dans la résignation contemporaine, l'éparpillement, l'éclatement et le narcissisme, abandonnant le monde aux pouvoirs de la seule technique.

Contre l'histoire occidentale et ses aventures, des penseurs du religieux ont entrepris ou poursuivi, au XXe siècle, une recherche de l'originaire, non seulement dans leurs travaux historiques, mais en termes de validation, se démarquant du monde moderne, de son désenchantement ou de sa perte du sacré. Ainsi chez Mircea Eliade. La lecture de la « Préface » à *La nostalgie des origines*[1] (un titre déjà significatif) le montre à l'évidence, comme la mise en valeur du motif d'un « Centre du Monde » en registre cosmique, dans un autre ouvrage de synthèse, *Le sacré et le profane*, ou, déjà, dans *Le mythe de l'éternel retour*[2]. Cette mise en avant se dit par contraste avec une perspective que les prophètes juifs, et le judéo-christianisme à leur suite, avaient illustrée, celle d'une dynamique de l'histoire humaine, spécifique et instauratrice, justement décalée des forces cosmiques. La thématique peut entrer en consonance avec l'appel à un retour des dieux, de la nature, du sol et du sang; on sait d'ailleurs que la jeunesse d'Eliade a été tout sauf innocente en la matière[3]. Mais Rudolf

---

1. (1969), Paris, Gallimard, 1971.

2. Respectivement : (1957), Paris, Gallimard, 1965, et (1947), Paris, Gallimard, 1969[2].

3. Ph. Borgeaud, « Un mythe moderne : Mircea Eliade » (1994 et 2004), dans *Exercices de mythologie*, Genève, Labor et Fides, 2004, p. 179-204;

Otto espérait aussi, à sa manière, régénérer la culture moderne en en appelant à un Sacré redoutable et fascinant, qui s'empare du sujet et de sa raison par-delà ses déterminations historiques et culturelles, par-delà aussi les distinctions de sphères de validation, épistémologiques ou autres[1]. Heidegger s'inscrit dans cette conjoncture et la radicalise. À partir des années 1920, le religieux perd chez lui sa spécificité : il semble avoir disparu mais est peut-être partout, lié à une interrogation de l'existence qui s'instruit hors de toute détermination différenciée du monde et qui ouvrira sur le thème d'un « maintien » dans une « éclaircie de l'être » ; ici, le motif de l'être semble remplacer celui de Dieu, le modifiant par là même. Nous sommes renvoyés aux poètes, à commencer par Hölderlin, célébrant un sacré et la fête nuptiale du « Quadriparti » (la Terre, le Ciel, les Mortels et les Divins), moment qui va du silence de l'appartenance à un embrasement par le sacré, et évoquant un divin à venir qui est, écrit Jean Greisch, plus celui des « bergers de l'être » que celui des « chevaliers de la foi »[2].

Notons que prend forme ici un motif récurrent qui a traversé l'ensemble de l'histoire moderne des religions. On le trouve au cœur d'une valorisation de l'Orient (constante dès le XIXe siècle), y compris dans la célèbre distinction entre religions aryennes et religions sémitiques chez Max Müller et d'autres à sa suite[3] (chez Müller, c'était sans dévalorisation du type sémitique) ; on le retrouve aussi derrière une nostalgie de la Grèce antique, du culte de Dionysos et autres lieux d'extase,

D. Dubuisson, *Impostures et pseudo-science*, Villeneuve d'Ascq, Presses Universitaires du Septentrion, 2005.

1. *Le Sacré. L'élément non rationnel dans l'idée du divin et sa relation avec le rationnel* (1917), Paris, Payot, 1949.

2. *Le Buisson ardent et les lumières de la raison*, t. III, Paris, Le Cerf, 2004, p. 680 *sq.*

3. *Cf.* M. Olender, *Les langues du paradis*, Paris, Seuil, 1989.

ou d'Orphée et des mystères de la vie, en lien encore à la découverte d'une religion européenne paysanne préchrétienne, ou,
enfin, lorsqu'on pense pouvoir faire vibrer une couche
primitive et sauvage refoulée par la civilisation, menaçante et
attirante, non morale mais riche et potentiellement porteuse de
renouvellement[1].

En terre protestante, l'École dite de l'histoire des religions,
en culture germanophone et au début du XXe siècle, présente
une conjoncture de pensée analogue – en plus sage –, faisant
ressortir la matrice hellénistique aux origines du christianisme, manifestant un intérêt pour la piété populaire, valorisant l'extase et le démoniaque, et mettant en même temps entre
parenthèses le canon biblique, sa sélection et ses frontières.
Elle a pu nourrir un « pessimisme culturel » et, aux limites,
fournir des motifs au développement d'une « germanisation du
christianisme »[2]. L'époque était globalement traversée d'une
critique de la sécularisation sociale et de la démagification du
monde, d'un réveil de la religiosité, d'une réaction antiratio-
naliste, d'une quête d'expérience et d'affirmation active (la
Revue typique du brassage culturel, politique et religieux de
l'heure, s'intitule significativement *Die Tat* [l'action][3]), d'une
recherche de « religion libre » ou d'une « religion de l'avenir »,
« postchrétienne » (renvoyant à Eduard von Hartmann), de
l'affirmation d'un « monisme » philosophique (Ernst Haeckel),
de l'attente enfin d'une rédemption (*Erlösung*), immanente et
sans hétérogénéité.

1. *Cf.* H. G. Kippenberg, *À la découverte de l'histoire des religions* (1977),
Paris, Salvator, 1999.
2. *Cf.* J.-M. Tétaz, dans E. Troeltsch, *Histoire des religions et destin de la
théologie*, Paris-Genève, Le Cerf-Labor et Fides, 1995, p. XXXVII-LVI.
3. M. Pulliero a dépouillé cette revue, fondée en 1909 par Ernst Horneffer,
« apôtre de Nietzsche », (publication à paraître); en attendant, voir son *Walter
Benjamin*, Paris, Bayard, 2005, p. 735-750.

Bilan et orientation

La question d'une quête de l'origine, perdue ou fantasmée, est au cœur de la modernité, que ce soit au travers du mythe d'un âge d'or ou en évoquant le temps d'une force unitaire primitive, ou que ce soit lorsqu'on entreprend de déconstruire les religions reçues, par exemple, emblématique, la recherche du Jésus historique ou « vrai » Jésus. De même, se tient au cœur de la modernité une propension à unifier et à totaliser : religion naturelle, expérience spirituelle transconfessionnelle, séductions pour un sacré à retrouver, urgence d'une tâche idéale à réaliser. Or, l'histoire est irréductiblement diverse, et l'homme pris dans des circonscriptions différentes à chaque fois, de l'institutionnel, une organisation de l'espace, du temps, des rapports à soi, à l'autre, à ce qui le dépasse. Diversité non réductible, mais que l'on peut comparer et qui peut, dès lors, être pensée. Non à partir d'une position privilégiée, avouée ou non, ni non plus à partir d'un élément qui serait commun à chacun et par rapport auquel on enregistrerait des variations ; mais bien en fonction d'un lieu tiers organisant une problématique, à valider dans son bien-fondé et sa portée, qui permette de faire voir, sous tel ou tel regard, des déploiements de l'homme dans les différentes formes que prend le religieux, les inscrivant dans l'ensemble de ce qui structure l'existence dans le monde. Instruit par ce qui se cherchait au seuil du XXᵉ siècle et par ce qui a pu sortir de ce cocktail explosif au cours du « petit siècle » qui a suivi, on interrogera le religieux au cœur de ses institution-nalisations effectives, avec leurs crises et leurs recompositions, parce que l'homme n'existe que là, depuis toujours et à jamais. Sans rêver d'un point de vue qui les dépasserait. C'est qu'il n'y a d'accès à l'humain que selon des *médiations effectives*.

Pour terminer, j'esquisserai ce qu'il peut en être des problématiques à baliser et ce qui peut être proposé d'une régulation du religieux. Les deux choses ne sont possibles qu'en fonction d'une situation donnée, avec ses héritages et ce qui leur arrive ; d'où mon choix d'entrer dans l'ensemble du problème selon les données du paysage contemporain et le flottement qui s'y indique quant à la définition même de la religion. On y greffera un déchiffrement qui se risque à dire ce que peuvent porter les religions, dans la diversité de leurs formes, et ce qui les fait vivre, avec leurs forces et leurs risques.

STATUT, FONCTION ET ENJEUX
DU RELIGIEUX AUJOURD'HUI

Dire ce qu'est la religion passe inévitablement par une considération historique. C'est qu'il n'y a pas seulement une diversité de religions, avec les références et les réalités qu'elles défendent (leurs dieux, leurs biens de salut, leurs narrations, leurs symboliques et leurs rites) ; il y a aussi une diversité quant à leur statut, leur fonction et leurs formes. En matière religieuse, on ne peut supposer un espace propre et homogène, que différentes figures viendraient occuper. On est dès lors renvoyé à la question des frontières qui délimitent les divers registres dans lesquels se déploie la vie humaine : le socio-politique, la science, la morale, l'esthétique ou le religieux. Ces frontières sont à chaque fois illustratives d'un type de civilisation et d'un moment historique. Elles le sont quant à la circonscription des territoires mise en œuvre et quant à leur énumération : ce qu'est une religion peut varier, et ce que recouvre le terme peut même se trouver absent, ce qui y correspond humainement et socialement étant alors assumé ailleurs et autrement.

Ce qu'est une religion est relatif aux modulations socio-historiques de la vie. On a affaire à du construit, non à du naturel. Le point n'est pas réductible, et c'est pourquoi je n'ai pas donné, ni ne donnerai une définition de ce que serait le religieux dans une essence propre ou une expérience primordiale. Mais toute construction religieuse va de pair avec des enjeux, que la diversité qui la traverse et les changements qui l'affectent peuvent révéler. Ce qu'il en est du religieux et de ce qui lui arrive est toujours symptomatique ; et il n'y a aucune raison de ne pas prendre en compte ce point. Ce serait se condamner à ne plus rien pouvoir dire quant à notre histoire et à notre présent. C'est sur cette base que j'ai inscrit l'ensemble de cette présentation dans une perspective généalogique, partant de mutations présentes, faisant voir les décalages qu'elles marquent par rapport à des héritages immédiats, et situant l'ensemble dans une perspective plus large, qui décentre les jeux d'opposition terme à terme, foi et raison, vision soi-disant traditionnelle et modernité éclairée, ou matrices institutionnelles et quête transconfessionnelle.

C'est l'histoire de l'Occident qui se tient ici à l'horizon, tout particulièrement la modernité qui y est née et les explications critiques avec elle-même qui en sourdent ; un Occident et une histoire dont on sait la particularité, par comparaison, donc les forces et les revers. Et c'est sur cet arrière-plan heureusement diversifié que je me risque à dire ce dont il y va dans le religieux.

Une dimension de ce qui fait l'humain

Liminairement, il convient d'avancer que, pour nous, Occidentaux, le religieux vaut comme une dimension de l'homme, à côté d'autres dimensions : socio-politique, scientifique, esthétique ou morale. Chacune vit d'une logique propre, déterminée par ce qui, de l'humain, y est en jeu (qu'il faut expliciter et toujours à nouveau penser), avec ses critères et ses régulations propres. De même qu'on ne dira pas d'une œuvre esthétique qu'elle est vraie ou fausse (une œuvre d'art peut être renvoyée à une émotion forte, esthétique, alors qu'elle ne donne pas à voir une représentation du monde scientifiquement correcte), ni qu'elle est moralement exemplaire ou socio-politiquement applicable. Il en va de même de la religion, de ses rites et de ses symboles, de ce qu'elle vise ou de ce à quoi elle donne corps, qui est d'un autre ordre que le juste et le faux sur le plan scientifique, que la mesure ou l'idéal sur le plan éthique, ou que la proposition politique raisonnable.

Dire « dimensions » ne veut pas dire « secteurs », découpés et juxtaposés. Je renvoie plutôt ici à l'angle sous lequel est vue et explicitée l'existence humaine, un point de vue spécifié à chaque fois, mais qui entend porter un regard sur l'ensemble de l'humain. La particularité du point de vue étant irréductible, la considération déployée ne saurait épuiser ce qu'il en est de l'humain ; en même temps, du fait de l'extension du regard, chacune des instances en jeu, la religion comme d'autres (la politique, la science ou la morale notamment), peut se faire totalitaire : au nom de la vision d'ensemble qu'elle propose, elle oublie sa spécificité, donc la particularité de ce dont elle répond et la manière dont elle le fait. C'est là la racine de ce qu'il ne faut pas hésiter à appeler une pathologie du religieux, comme il y une pathologie du politique, le totalitarisme, qui n'est pas seulement un mauvais programme politique, mais une distor-sion du politique, de sa grandeur et de ses limites. Une considé-ration de cette sorte ne me paraît pas devoir être abandonnée, même si on sait que les frontières sont lieux de conflits et de différends, aussi vrai que ces partitions ne vont pas de soi et qu'il ne saurait y en avoir une détermination formelle défini-tive. C'est d'ailleurs pourquoi il faut travailler les change-ments et les interpréter, et proposer des régulations dont on puisse rendre compte, même si elles sont toujours à reprendre.

De quoi répond une religion

Peut-on aujourd'hui, instruit des diversités et flottements indiqués, esquisser ce dont répond, anthropologiquement et socialement, la religion? À mon sens, la religion répond, d'abord, de la propension et de la nécessité qu'a l'homme de *symboliser* son rapport au monde, aux autres, à lui-même. Symboliser parce qu'au cœur de ces rapports se joue ce qui dépasse l'homme, qu'il ne peut simplement ramener à lui, à sa maîtrise, à son savoir, à ses pouvoirs. Pour l'homme, le monde est fait de contingence et d'incommensurable, de surprises et de découvertes, de joies et de souffrances. Il en est de même du rapport à l'autre, étranger ou proche, sur un mode peut-être plus radical, parce que plus investi de désir et donc exposé à des malheurs plus douloureusement éprouvés. La religion symbolise le monde, marque l'espace et scande le temps, permet des points de repère et une mémoire; ainsi, elle situe. Touchant le monde, la religion se love au cœur des apparte-nances et des précédences (dans leurs aspects cosmiques et historiques), de ce qui fait un présent sensé et un avenir ouvert. Touchant l'autre, la religion module ce qui attire et ce qui fait peur; elle se tient au cœur de l'exogène (l'interdit de l'inceste et les règles de mariage), des échanges (le don, le sacrifice et la perte), des jeux disant les identités et les différences (le clan), des gestions de forces positives et de forces maléfiques (souvent les deux faces d'une même réalité).

À l'occasion du rapport au monde et du rapport à l'autre se joue, directement ou non, un rapport à soi; à chaque fois se met en effet en place un ordre où une singularité peut naître et se déployer. Ordre balisé, qui permet qu'on réponde du monde – qu'on en surmonte le chaos ou le non-sens, le possible abîme – et qu'on y inscrive une existence assumée. La religion est spécifiquement greffée sur le rapport à soi en ce qu'elle symbolise l'origine (qui cache de fait toujours une absence appelant instauration et culture[1]), la dette (« dette de sens », dit Marcel Gauchet[2]), la riposte (le contre-don) ou la transgression qui fait vivre (avec le sacrifice qui en est à la fois la possibilité et le revers). Elle se greffe là sur le rapport à soi en lien avec ce qui n'est pas soi, et sur cette donnée humaine foncière qui veut qu'il n'y ait pas de socialité sans une césure qui l'instaure dans l'ordre d'un sens autre que ce qui pourrait simplement procéder d'une nature originelle et homogène : un ordre historiquement divers, investi d'une pulsion anthropologique de croyance que la religion a spécifiquement pour fonction de prendre en charge, d'en permettre le jeu tout en l'oblitérant.

Sur ce triple rapport au monde, à l'autre et à soi, se tient du réel à symboliser – non seulement des objets à connaître ou dont user –, parce que le réel dépasse le sujet humain. Penser qu'on peut faire l'impasse sur ce qui se joue là a d'inévitables retombées sur les plans collectif et individuel. Les idéologies modernes et les fantasmes de maîtrise l'attestent, la banalisation désespérée aussi, ou les quêtes de l'extrême, sous-produits des technocraties et des fonctionnalismes. Dans cette ligne, préserver la dimension que cristallise la religion sert d'antidote à l'idéologie : bien comprise, la religion témoigne que l'homme n'est pas tout. C'est d'ailleurs pourquoi sa diversité est nécessaire et doit être impérativement préservée.

Par-delà et en lien à ce moment d'une symbolisation, la religion répond encore d'une autre donnée ancrée au cœur de l'homme, pour le meilleur et pour le pire, une *visée d'absolu*.

---

1. *Cf.* P. Magnard, *Pourquoi la religion ?*, Paris, Colin, 2006, p. 26-29 ; J. Derrida parle de « division et d'itérabilité de la source », « Foi et savoir », dans J. Derrida et G. Vattimo, *La religion*, Paris, Seuil, 1996, p. 85.

2. *Cf.* « La dette du sens et les racines de l'État », *Libre* 1977/2, p. 5-43.

Qu'il y a justement à formaliser et à prendre en charge ; en réduire les dangers, tout en en maintenant le motif (un office de sublimation peut-être). On peut estimer ce point lié à notre destin occidental, en ce sens au monothéisme, qui décentre la nature au nom de réalités d'un autre ordre ou qui entend permettre que l'homme ne s'englue pas dans la nature et ses forces – potentiellement divines –, mais s'y pose en différence. Le lieu ici ouvert peut certes lui-même s'autonomiser, et passer ainsi d'une condition de vie, offerte et balisée (une vie *singulière* et *dans* le monde), à un fantasme mortifère (une vie selon un espace homogène, domestiqué, approprié). Ne connaître pourtant, en antithèse des monothéismes, rien qui ne soit dé-lié de l'ordre du monde – rien d'ab-solu, pour jouer sur les étymologies –, n'est-ce pas se soumettre « absolument » aux lois du monde et passer ainsi d'une sagesse heureusement distanciée à un conformisme lui aussi mortifère ? Question peut-être aventureuse et probablement trop ethnocentrée. Quoi qu'il en soit, la question du rapport à l'absolu se trouve pour nous inscrite au cœur du religieux hérité – comme motif qui y est traité et comme tentation humaine interne –, au cœur de ses critiques modernes aussi, au cœur encore des substituts séculiers qui ont pu prendre sa place (les totalitarismes politiques, le scientisme, etc.).

Ajoutons que s'il y a de nombreuses manières de symboliser le rapport de l'homme à ce qui lui est extérieur – qu'on peut typologiser –, il y a plusieurs manières aussi de se rapporter à l'absolu, et même d'entendre le terme (référence totalisante des revendications théologico-politiques par exemple, ou réalité irréductiblement décalée et infiniment autre, de l'Un au-delà de l'être du néoplatonisme à la différ*a*nce de Derrida ou à ce qui fait césure chez Lacan), et ainsi la possibilité et la nécessité d'en dresser une scène [1].

J'ai ici mis en avant deux axes dont me paraît répondre anthropologiquement la religion – une opération de *symbolisation* et une visée d'*absolu*, avouées ou non –, en cohérence avec ce que j'avais d'abord posé comme « dimension » humaine, irréductible et dont il y a toujours à moduler la compréhension, à approfondir ce qui s'y déploie, à écouter ce qui s'y cristallise, à repenser ce qui s'y joue de l'homme et qui peut être validé ou, au contraire, combattu. La tâche en est, au meilleur sens du terme, intellectuelle; et elle est à exercer sur un fond mouvant, qui rend d'ailleurs les données en jeu d'autant plus instructives.

Une régulation selon trois pôles

S'il y a à penser le champ de la religion, il y a également à le réguler. Au vu de la *dimension* en cause – spécifique et pour des enjeux dont on répond hors maîtrise –, au regard aussi des axes qui la traversent – une *symbolisation*, ni un savoir, ni un idéal, et une *propension à absolu*, à assumer sur un mode différé plus qu'à investir en première instance –, on ne peut qu'être ici pragmatique. Il convient de proposer une régulation, non d'opérer des jugements directs et définitifs.

En matière de religion et dans notre situation contemporaine, il y a lieu de distinguer trois ordres de données, irréductibles et présentant chacun leur mode propre de pertinence et de régulation. Le premier est constitué par le pôle de l'*individu* comme sujet social et sujet de droit. Il me paraît à la fois inviolable, dans le cadre des droits généraux liés aux personnes (qui les garantissent tout en pouvant marquer des limites : droit de

---

1. Je l'ai esquissé dans « Penser la religion aujourd'hui », *Théories de la religion*, *op. cit.*, p. 362-392, ici 379-383.

l'autre, protection des faibles, etc.), et de forte validité; le religieux devrait pour sa part en principe le sanctionner en termes de construction d'identité – identité intersubjective –, une tâche rendue aujourd'hui plus prégnante et plus difficile dans un contexte de pluralisme synchronique et de rupture diachronique. Le religieux validera ce point et ce qui peut s'y indiquer de non normalisable (*cf.* Bataille ou Artaud), même s'il sait – mais c'est à intégrer dans la construction en cause, non à jouer autoritairement de l'extérieur – que le sujet humain est toujours précédé et dépassé; il pourra en effet estimer que le sujet humain n'existe qu'en s'expliquant activement avec ce donné, l'assumant, le contestant, y marquant écart.

Le deuxième ordre touche la *société dans ses rapports au religieux* (religieux institué ou diffus, substituts fonctionnels, etc.). On sait que la laïcité doit être aujourd'hui repensée[1], dans un contexte pluraliste (pour exemple : les diverses facettes de l'intégration de l'islam dans les sociétés européennes) et mouvant (les sectes ou autres affirmations intransigeantes). Et renvoyer ici à un simple multiculturalisme s'avère insuffisant, tant pour ce qui touche la compatibilité de références et de traditions différentes, hors du pur repli et de la juxtaposition fermée, que pour la construction sociale même. S'en trouve relancée la thématique d'une *reconnaissance* de communautés religieuses d'« intérêt public ». La problématique m'en paraît opportune, mais il convient de s'entendre, de part et d'autre, du côté de l'État comme du côté de la communauté religieuse en cause, sur cet « intérêt public », la problématique d'une reconnaissance, avec les avantages réels et/ou symboliques accordés, supposant une part contractuelle minimale. La question de ce type de reconnaissance doit donc être

---

1. *Cf.* J. Baubérot, *Laïcité 1905-2005, entre passion et raison*, Paris, Seuil, 2004.

juridiquement distinguée de la question de la *tolérance*, générale, à manifester à l'endroit d'une association religieuse ou se prétendant telle, pour laquelle prévaudront le droit général des associations (statut, organisation, finances) et, le cas échéant, le droit des personnes et de leur protection (contraintes, etc.), hors de toute régulation religieuse comme telle. Il me paraît qu'une reconnaissance ne peut être accordée qu'en prenant en compte la question de savoir si la communauté concernée se comprend bien comme religieuse – au sens de ce que nous avons précisé quant à la dimension que cela représente, avec ses limites et sa diversité –, si est sanctionnée donc, par la communauté demanderesse, la pertinence d'autres instances et du coup un état de droit, sanctionnée aussi une pluralité religieuse pouvant impliquer, au moins dans ce cadre, échanges et dialogue. La gestion de ce point fera toucher la différence, schématisée par Weber et Troeltsch, entre les formes d'institutionnalisation du religieux appelées secte ou Église (types différents de rapports à la société globale d'une part, à ce qui est revendiqué à l'interne comme fondement d'autre part, et exclusivité ou non).

Le troisième ordre concerne les *organisations religieuses* et leurs régulations, tant au plan de leur structuration interne que de leurs rapports externes, face à la société globale et les unes face aux autres, deux aspects sur lesquels, on vient de l'indiquer, elles pourront être relancées de la part de la société, comme, au moins indirectement, de la part d'autres traditions parties prenantes au jeu d'ensemble. J'ajoute que ce troisième ordre est de droit subordonné aux deux autres[1]. Il l'est dans

---

1. Hors différend quant à la circonscription d'une dimension religieuse, on rejoint ici certaines considérations de J. Habermas touchant la sécularité civile et politique d'une part, l'articulation, subordonnée et interactive, de traditions religieuses d'autre part.

une perspective qui accorde à la société et aux autres instances une pertinence propre et qui reconnaît en outre l'irréductible pluralité religieuse. Une telle subordination n'est pas spontanément accordée à partir des croyances mêmes et des organisations qui en répondent, ou est insuffisamment clarifiée ; mais elle devrait à mon sens l'être, selon une argumentation interne à la croyance, pour autant que l'on entre dans la perspective d'ensemble esquissée ici touchant ce qu'est une religion. Le défaut de clarification sur ce point de la part des organisations religieuses n'est en outre pas sans incidences négatives dans la société : on s'y défiera foncièrement du religieux, ou l'on se réfugiera dans les principes extensifs d'une tolérance reconnue à un plan qui restera très formel du fait qu'on se sent trop démuni pour entrer dans un examen matériel et qu'on craint de tomber dans l'arbitraire faute de critères minimaux pour débattre de plain-pied.

Ressaisie

Ce qu'est une religion n'est pas lié à une réalité surnaturelle qui requerrait une adhésion. Se trouve dès lors dépassée l'antithèse qui a marqué la modernité entre la défense d'un système de croyances particulier, prenant place sur cet arrière-fond, et une réaction critique, athée ou agnostique, poursuivant un courant rationaliste et sécularisant. On aura en effet admis qu'il y a et qu'il y a eu, en d'autres temps ou dans d'autres civilisations, des formes de religion différentes et, dans nos sociétés contemporaines, du religieux diffus, de la religion invisible, d'autres relais fonctionnels ; et l'on aura aussi compris qu'un geste ou un désir lié à ce qui dépasse le savoir et les décisions du sujet se tapit au cœur de toute vie humaine effective, socialement et historiquement donnée. Les cartes s'en trouvent redistribuées, ouvrant une réflexion plus large et autrement articulée à ce qui est à penser.

L'interrogation ne porte désormais plus sur les réalités qui pourraient correspondre ou non aux *représentations* des croyances; elle porte sur ce qui *médiatise* notre rapport au monde et à nous-mêmes (soumis à diversité et à changements), de l'ordre, construit, des *symbolisations* et des *institutions*. Ces médiations tranchent des ambivalences naturelles et inscrivent l'homme dans un tissu relationnel, et elles renvoient ainsi moins à un passé (à retrouver) qu'à un avenir (qu'elles visent).

Ces médiations sont le lieu de la religion. C'est qu'elles en sont faites. En outre, le religieux actif en part, comme geste qui peut certes les sacraliser, les investissant comme une nature seconde, mais comme geste qui peut aussi les habiter selon une dialectique qui reprenne de façon assumée le descellement qu'elles sanctionnent (hors homogénéisation) et le rapport à l'altérité qu'elles cristallisent (hors réduction au même).

On aura compris que je tiens le moment des *médiations* et de *ce qui leur arrive* pour décisif et instructif; tout comme m'apparaît également fondamental l'*écart* que l'existence humaine peut toujours à nouveau y marquer, en toute singularité et responsabilité personnelle (lieu traditionnellement dit du « témoin », à la fois témoin de soi et témoin de ce qui le lie). J'y tiens tout particulièrement en ces temps de standardisation, où ce que cristallisaient les religions, sauf à être autoréféré et idolâtré, se dissout dans un tissu social foncièrement indifférencié.

TEXTES ET COMMENTAIRES

TEXTE 1

THOMAS D'AQUIN
Somme de théologie (Summa theologiae)
seconde partie de la deuxième partie (*IIa IIae*) [1]

Question 81 : La nature de la religion [...]
Article 5 [2] : La religion est-elle une vertu théologale ? [3]

[...] *Réponse* : La religion rend à Dieu le culte qui lui est
dû. Il y a donc en elle deux points à considérer : ce qu'elle offre
à Dieu, le culte, qui joue le rôle de matière et d'objet de la
vertu ; d'autre part celui à qui nous le présentons, Dieu. C'est à
lui qu'on rend un culte, non que nos actes de culte l'atteignent

---

1. Thomas d'Aquin, *Somme théologique*, t. 3, trad. fr. A.-M. Roguet, Paris,
Le Cerf, 1985 ; je retouche parfois cette édition à partir du latin, édition dite de la
Revue des Jeunes (latin/franç.), 1932 (q. 80-87) et 1934 (q. 88-100).

2. Chaque « article » est construit comme une question et commence, sur le
mode de la dispute universitaire médiévale, par des « objections » (qui
représentent donc une position à laquelle va s'opposer Thomas) et un *sed contra*
(l'objection aux objections), se poursuit par une « réponse » ou un *respondeo*
(qui donne la position de Thomas) et se termine par des « solutions » (qui disent
comment, sur la base de la « réponse » donnée, se résolvent, pour Thomas, les
« objections » de départ).

3. *Ibid.*, t. 3, p. 513.

en lui-même, à la manière dont nous l'atteignons lorsque nous croyons en lui (au sens où nous avons dit, précédemment [q. 2, art. 2], que Dieu est objet de *foi* non seulement en ce que nous *le* croyons [*credimus Deum*], mais en tant que nous croyons *en* Dieu [*credimus Deo*]). Tandis que l'on offre à Dieu le culte qui lui est dû en tant que les actes de culte se font pour le révérer : ainsi, l'offrande de sacrifices ou autre geste analogue. Aussi est-il manifeste que Dieu n'est, relativement à la vertu de religion, ni sa matière ni son objet, mais sa fin. C'est pourquoi la religion n'est pas une vertu théologale, dont l'objet est la fin ultime, mais une vertu morale, qui concerne ce qui est ordonné à cette fin. [...]

Question 92 : La superstition [1]

Nous abordons maintenant l'étude des vices opposés à la religion. Certains ont avec elle ceci de commun qu'ils comportent des actes de culte divin. Les autres manifestent au contraire leur opposition par le mépris de ce qui touche au culte de Dieu. Les premiers constituent la superstition [q. 92-96], les seconds l'irréligion [q. 97-100] [...].

Article 1 : La superstition est-elle un vice contraire à la religion ?

[...] *Réponse* : La religion est une vertu morale, nous l'avons dit [*cf.* ci-dessus]. Nous avons aussi enseigné que la vertu morale s'établit dans le juste milieu [*Ia IIae*, q. 64, art. 1]. Le vice peut donc doublement s'y opposer : par excès et par défaut. On peut outrepasser la mesure vertueuse par excès, non seulement au point de vue de la quantité, mais aussi relativement aux autres circonstances de l'action. Ainsi [...] il y aura excès par rapport au juste milieu, si l'on fait quelque

---

1. *Ibid.*, t. 3, p. 584 *sq.*

chose pour qui on ne le doit pas, quand il ne le faut pas, ou avec quelque autre abus dans les circonstances de l'acte [...]. La superstition est un vice qui s'oppose à la religion par excès; non que l'on rende à Dieu plus d'hommage que ne fait la vraie religion, mais par le fait qu'on rend le culte divin à qui on ne le doit pas ou d'une manière indue. [...]

Nous devons étudier maintenant[1] les vices qui s'opposent à la religion par défaut et comportent une opposition manifeste à cette vertu, ce qui les fait ranger sous le titre d'irréligion [...].

Question 97 : La tentation de Dieu

Article 1 : tenter Dieu consiste-t-il à faire certaines choses dont on attend le résultat de la seule puissance de Dieu ?

[...] *Réponse* : [...] L'homme peut tenter Dieu, par ses paroles et par ses actes [...]. Il y aura tentation expresse de Dieu dans la prière quand nous voudrons, par notre demande, nous rendre compte de sa puissance ou de sa volonté[2]. De même nous tenterons expressément Dieu par nos actes quand nous ferons quelque chose dans le dessein d'éprouver sa puissance, sa miséricorde ou sa sagesse.

---

1. *Ibid.*, t. 3, p. 611 *sq.*
2. À l'art. 4, *resp.* Thomas précise qu'est en jeu, dans la tentation, un « doute », ce qui est moins grave, dit-il (c'est un défaut en matière de vertu de religion), que la superstition (un excès en la même matière).

COMMENTAIRE

Lire Thomas d'Aquin est difficile. Du fait d'une distance historique et culturelle, dont le vocabulaire et les références. À cause aussi de la construction du texte, inhabituelle pour nous. Au vu, enfin et surtout, de la problématique même, qui n'est pas notre manière spontanée de penser en matière religieuse, d'abord en ce qu'elle dissocie les deux questions de la *religion* et de la *foi*; mais faire ce détour peut – j'espère le montrer – s'avérer instructif.

Nous allons commencer par une mise en contexte, continuer par des précisions de vocabulaire et de concept, proposer enfin une compréhension d'ensemble, en lien, contrastif, avec notre situation d'aujourd'hui.

Thomas d'Aquin naît en 1224/1225 et meurt en 1274. C'est un théologien dominicain, ordre nouvellement créé, et une figure emblématique des universités naissantes. Certaines de ses positions seront condamnées au XIIIe siècle, mais l'École qui se référera à Thomas jouira ultérieurement d'une position centrale, régulièrement réaffirmée dans le catholicisme (ainsi l'Encyclique *Aeterni Patris* de 1879), parfois sans mise en situation historique suffisante [1].

---

1. *Cf.* G. Prouvost, *Thomas d'Aquin et les thomismes*, Paris, Le Cerf, 1996.

Thomas écrit sa *Somme de théologie* en 1266-1272 (à distinguer de sa *Somme contre les gentils*, écrite vers 1259-1265/1267). Faite d'une série de questions et sous-questions appelées articles (*cf.* ci-dessus p. 95, n. 2), elle se dispose en trois parties. La première (*Ia*) médite ce qui vient du Dieu-principe (émanation ou *exitus*, selon un héritage néoplatonicien, complexifié par la réalité de la création, donc par le temps et l'espace) et la deuxième (*IIa*) ce qui tend à Dieu (retour ou *reditus*, selon le même héritage, ici complexifié par un dynamisme inscrit au cœur du créé et déployé selon un registre pluriel des « causes », non sans passage en outre par la liberté et la volonté, sur fond d'une anthropologie du désir). On a donc : 1) de Dieu lui-même et des créatures en tant qu'elles procèdent de sa puissance et selon sa volonté, et 2) du mouvement de l'homme vers la béatitude, selon un axe d'accomplissement. Thomas le précise avant la q. 2 de la Ire partie (ce qui précède valant comme prolégomènes) : si la théologie a pour objet la « connaissance de Dieu » (« non seulement selon ce qu'il est en lui-même, mais aussi selon qu'il est le principe et la fin des choses »), alors il faut « traiter 1) de Dieu […] ; 2) du mouvement de la créature raisonnable vers Dieu ».

Qu'est donc la troisième partie (*IIIa*), christologique et sacramentaire ? Elle est là pour réfléchir les données et les conditions chrétiennes du « retour », celles d'une « voie ». Dans le passage cité, Thomas annonce qu'elle traitera « du Christ, qui, comme homme, est pour nous la voie qui mène à Dieu ». Au vu de ce qu'on pense qu'est une religion, aujourd'hui, et de ce qu'on imagine qu'est la théologie (effectivement représenté, dès le début des Temps modernes, dans des formes confessionnelles, catholiques ou protestantes), il faut souligner que se donne là un regard sur une positivité *particulière*, mais *décalée*, aussi vrai que les parties I et II assurent l'*ensemble du déploiement* (vu sous son angle principiel), tant la « provenance » (à partir de Dieu) que le « retour » (*via* l'humain). Le registre est ontologique, de validité générale, pensé selon la culture de l'époque bien sûr (un équivalent fonctionnel pourrait être aujourd'hui donné par une anthropologie ou une théorie de la religion, et le fut par les théodicées et la religion naturelle des déistes aux XVIIe-XVIIIe siècles). Hors d'une considération de ce type, le christianisme risque de virer d'une proposition, particulière dans ses formes, à un particularisme reconduit à une révélation extrinsèque ou à une légitimation extérieure (une Église, une Bible, etc.).

Le moment christologique et ecclésiologique – un salut et une révélation – n'apporte donc ici rien de nouveau : il s'inscrit dans une donne générale, ontologique, cosmologique et anthropologique ; il en dit un accomplissement. Ce qui s'y déploie (en Christ) et doit toujours à nouveau s'y déployer (au cœur du croyant) se noue en prenant corps (effectif et particulier) selon des lois internes ou générales. Ni l'Église, ni le message ou une révélation n'occupent là une place principielle ou une position de départ. Une telle construction est instructive quant au statut, à la fonction et à la portée de ce qui peut être vu sous « religion ». Précisons encore que les questions relatives à la religion (q. 81-100) prennent place après le traité sur la justice au sens strict (q. 57-80) – la vertu de religion est en fait rattachée à la vertu de la justice, *cf.* q. 80 – et avant les vertus qu'on peut dire sociales (q. 101-122), commençant par la piété et se terminant par le Décalogue, en passant notamment par le respect, l'obéissance, la reconnaissance, la vérité.

De façon surprenante pour nous, modernes, quand Thomas entreprend de penser la religion, il ne renvoie pas à une vertu *théologale* (q. 81, art. 5), mais à une vertu humaine. En outre, la conception qui en sous-tend la compréhension est celle de l'Antiquité préchrétienne qu'a synthétisée Cicéron. Dite *morale*, cette vertu fait partie de ce qui définit l'humain, ici quant au rapport à Dieu, mais non au sens où Dieu serait *objet* de foi – au *principe* de la posture et du *travail* que Thomas entend sous le terme foi –, mais au sens où Dieu marque un au-delà qu'il y a lieu de reconnaître et de respecter comme tel, sauf à tomber dans un vice, au plan humain toujours. Comme toute vertu, la vertu de religion est mise en œuvre par l'existence humaine même (c'en est un axe de déploiement ou une disposition), et son exercice correct se donne entre deux extrêmes qui contribuent à définir la posture humaine qui s'y joue : un excès (ci-dessus q. 92), dit « superstition » (accorder trop à l'objet visé qui, ne correspondant dès lors plus à ce qu'indique le mot Dieu, un au-delà, se fait idole), et un défaut (ci-dessus q. 97), dit « irré-ligion » (la non-reconnaissance de ce qui dépasse l'humain, en le ramenant à du connaissable et à du maîtrisable).

Il convient de préciser deux points (dans les citations, je souligne par l'italique) :

1) qu'est-ce, d'abord, qu'une vertu théologale ? Écoutons Thomas dans une première différenciation : alors que « l'objet des vertus *intellectuelles* et des vertus *morales*, c'est quelque chose que la raison humaine peut saisir », dit-il (*Ia IIae*, q. 62, art. 2, *resp.*), « l'objet des vertus *théologales*, c'est Dieu même, fin ultime des choses, en tant qu'il dépasse la connaissance de notre raison ». Mais alors, si on appelle « vertus théologales celles qui nous ordonnent à Dieu » et que, « parmi les vertus *intellectuelles* », il en est justement « une qui nous ordonne à lui, la sagesse qui concerne le divin, puisqu'elle considère la cause suprême » (*obj.* 2), vertu théologale et vertu intellectuelle ne se rapprochent-elles pas ? Non, dit Thomas, en ce que « les habitus se distinguent spécifiquement selon la différence formelle des objets » (*resp.*); ou, comme il le dit dans la *solution* 2 : « la

sagesse, dont le Philosophe [Aristote] fait une vertu intellectuelle, considère les choses divines selon qu'elles se prêtent aux investigations de la raison humaine. Mais la vertu théologale les regarde selon qu'elles dépassent la raison humaine » ;

2) une vertu *théologale* ne met pas en jeu la *religion*, mais la *foi*. Un autre ordre ; qui renvoie non à des *objets à croire*, mais à Dieu en tant qu'il *dépasse* ces objets, ou *selon qui* ou *selon quoi* les choses peuvent être vues. Thomas le précise à la q. 1 (« l'objet de la foi ») de la même *IIa IIae*, art. 1. Il y fait face à ce qui est dit dans l'*obj*. 1 : « l'objet de la foi, c'est apparemment ce qu'on nous propose à croire. Or, on nous propose à croire non seulement ce qui se rapporte à la divinité, qui est la vérité première, mais aussi ce qui se rapporte à l'humanité du Christ, aux sacrements de l'Église et à la condition des créatures. La vérité première n'est donc pas le seul objet de la foi » ; ou, dans l'*obj*. 2 : « la foi a aussi pour objet tout ce qui est contenu dans la Sainte Écriture [...]. L'objet de la foi, ce n'est donc pas seulement la vérité première, c'est aussi la vérité créée ». Thomas répond en avançant qu'il y a justement à distinguer « *ce* qui est matériellement connu, qui est le côté matériel de l'objet, et ce *par quoi* l'objet est connu, qui en est la raison formelle ». Or, poursuit-il, « si nous regardons matériellement ce à quoi la foi donne son assentiment », ce n'est, effectivement, « pas seulement Dieu lui-même », mais « beaucoup d'autres choses ». Cependant, « celles-ci ne tombent sous l'assentiment de la foi que par le côté où elles sont de quelque manière ordonnées à Dieu ». Position que confirment la *sol*. 1 : « ce qui a trait à l'humanité du Christ et aux sacrements de l'Église, ou à des créatures quelles qu'elles soient, tombe sous la foi *dans la mesure où* nous sommes par là ordonnés à Dieu », et la *sol*. 2 : « il faut dire la même chose de tout ce qui est transmis dans la Sainte Écriture ».

En ces matières, on peut donc dire qu'il y a ici à distinguer l'objet *matériel* : *ce* que nous connaissons (*ce* qui est connu), et l'objet *formel* : ce *par quoi* ou *en fonction de quoi* nous connaissons. Pour ce qui est de la foi, l'objet *formel* est, ici, Dieu, en tant qu'il est attesté *au travers de* ce qui est « connu », un connu qui est pris sur soi et reconnu par le sujet comme renvoyant à Dieu (*via* relation et engagement donc), un sujet alors croyant et non seulement connaissant. Là, quand je dis : « je crois », le rapport à l'objet (donc la posture du sujet) n'est pas du type de ce qu'il est quand je dis : « je sais ». Quant à l'objet *matériel*, c'est *ce* qui est donné à entendre et à croire, et à quoi on répond justement d'une certaine manière, où le sujet comme tel se trouve engagé.

Touchant cette question, Thomas d'Aquin est rejoint, par-delà les différences liées à l'histoire et aux cultures, par le théologien protestant allemand Paul Tillich qui, au XXᵉ siècle, écrit en effet : « seules sont théologiques les affirmations qui traitent de leur objet *en tant qu*'il peut devenir pour nous une affaire de préoccupation ultime »[1].

Ces précisions données, esquissons une compréhension d'ensemble[2].

Dans les questions 81-100 de la *IIa IIae*, Thomas d'Aquin ne pense pas la religion comme lieu circonscrit par une *révélation* ou un *message* ayant rencontré ou requérant *croyance* (comme la définissent le plus souvent les organisations reli-

---

1. *Théologie systématique* (1951), t. 1 (« Introduction »), Paris-Genève-Québec, Le Cerf-Labor et Fides-Presses de l'Université de Laval, 2000, p. 29 (je souligne). Enseignant aux États-Unis, P. Tillich avait été l'un des premiers professeurs d'Université mis à pied par le régime hitlérien en 1933.

2. Sur le fond, je suis en plein accord avec M. Allard, *Que rendrai-je au Seigneur ? Aborder la religion par l'éthique*, Paris-Montréal, Le Cerf-Médiaspaul, 2004, thèse présentée sous la direction d'Anne Fortin à l'Université Laval (Québec) et au jury de laquelle je fus associé.

gieuses aujourd'hui et, non sans lien, les sciences des religions qui en font la critique ou s'en démarquent), ni comme lieu d'expression et de manifestation d'une *expérience* spécifique, dite religieuse (comme on a pu la valider en modernité, soit du côté des croyants, sur mode plutôt apologétique, soit du côté de sciences des religions ayant voulu mettre en avant une dimension irréductible de l'humain contre les réductions rationalistes, mais sans pour autant sanctionner les institutions porteuses de ce religieux). Thomas ne pense donc pas en fonction de réalités positives que les sociologies pourraient prendre en compte. Il ne pense pas non plus à ce qui détermine une scène de la religion ou des religions en termes de connaissances, adéquates ou non, à valider, à falsifier ou à réfuter. Il réfléchit à une disposition de l'humain dans le monde, disposition de fait et active, renvoyant à des « inclinations » et à des « désirs » dans un réseau de rapports – rapports au monde, à autrui, à soi – où se marque de l'« obligation ». On dirait aujourd'hui qu'il réfléchit à l'ordre humain des pratiques. C'est ce que montre la place du traité sur la religion dans l'économie d'ensemble de la *Somme* : la religion comme l'une des vertus morales (au sens antique de l'*ethos*, non au sens moderne du devoir ou de la valeur), en lien avec la justice et ce qui concerne la vie sociale.

Ce qui est en jeu dans la religion n'est pas lié aux diverses réalités symboliques, rituelles, institutionnelles ou doctrinales dans lesquelles se déploient ce qu'il en est de sa vertu, bonne et obligée, et ce qu'il en est des perversions qui l'accompagnent, dont on doit se garder. Ni la vertu de religion, ni ses perversions ne sont en effet ici appréhendées en termes de contenu positif ou d'adhésion particulière. C'est que le bon exercice de la vertu de religion, comme ses perversions propres, peuvent se retrouver dans toutes les institutions qui prennent concrètement en charge cet ordre de l'humain, et donc dans toutes ses traditions.

Spécifiquement, ce qui est en jeu avec la religion, chez Thomas, touche ce qui excède nos existences dans le monde, nos savoirs, nos pratiques ou nos institutions, et qui, ainsi, les conditionne. La religion dit la mesure juste d'un agir dans le monde en fonction de l'excès [1] – ce qui est en asymétrie par rapport à l'humain ou décalé du monde – que signalent le mot Dieu ou, dans l'Antiquité, les dieux ; et elle dit formellement ce qu'il en est, humainement, de la gestion du rapport à cet excès.

J'ai parlé de reprise de l'Antiquité préchrétienne, parce qu'il est ici question d'un juste rapport au monde ou au cosmos, que la religion exprime et sanctionne selon la définition de Cicéron évoquée ci-dessus (p. 55). L'héritage est direct en ce qu'il est question d'une juste mesure ; Thomas reprend aussi intégralement ce que Cicéron dit des perversions de ce rapport (le trop et le trop peu). On trouvera une série de références antiques sur cette notion dans l'ouvrage déjà cité de Philippe Borgeaud, *Aux origines de l'histoire des religions*, commençant par Socrate à qui Xénophon fait dire qu'il y a, en ces matières, « des fous qui n'ont peur de rien et d'autres qui ont peur de tout » ou, en d'autres termes, l'« athéisme » qui n'accorde pas assez et la « superstition » qui accorde trop à la religion ou aux dieux [2].

Thomas parle de l'excès en termes de dette. « Que rendrai-je au Seigneur ? », dit le psalmiste, cité en q. 80, article unique, *resp*. C'est ce qui fait l'insertion de la vertu de religion dans une problématique de ce qui est juste. Le même *respondeo* précise en effet : « nous trouvons des vertus qui tout en nous

---

1. Sur ce vocabulaire dans ce contexte, cf. *ibid.*, p. 504 *sq.*

2. P. 34-36, 58, 141, 146 et 223 (*cf.* aussi S. Margel, *Superstition*, *op. cit.*, p. 77 *sq.*).

faisant acquitter une dette ne peuvent en assurer l'équivalent » ; par exemple, « l'homme ne peut rendre à Dieu rien qu'il ne lui doive [...]. C'est à ce titre qu'on rattachera à la justice la religion qui, selon la définition de Cicéron, "rend à une nature d'un ordre supérieur, qu'on nomme divine, les devoirs d'un culte sacré" ». Dette donc, mais par rapport à quoi l'homme est en situation d'asymétrie. Si la dette ouvre un espace où doit se déployer l'existence humaine, avec le jeu qui lui est propre et ce qui y est en cause – selon que ce déploiement se fait en rectitude et en sagesse, en respect donc de la mesure, parce qu'en respect de ce qui outrepasse l'homme, ou au contraire dans la folie –, ce déploiement n'est pas une réponse à une adresse venant de Dieu ou des dieux, réponse à une offre, à une communication, à une manifestation sollicitante (ce serait le lieu de la *foi*, qui relève d'une autre économie, elle aussi diversifiée). La dette est de toujours et à jamais, elle précède et conditionne l'avènement juste de l'homme au cœur du monde, sans ouvrir d'équivalence. Elle ne saurait être résorbée. Imaginer le contraire serait folie : se mettre au niveau du donné, annuler la dette et du coup le don, ou se mettre à l'égal des dieux (la distinction entre les mortels et les immortels était constitutive chez les Grecs, même si l'on pouvait jouer sur les frontières, et le « vous serez comme des dieux » de Genèse 3 résume le péché dit originel chez les chrétiens, même si ce n'est pas là non plus, en sous-main, sans ambivalence).

La vertu de religion est fonction de ce qui, pour l'homme, balise la scène du monde. Lieu de contingence (hors lien direct avec le ou les dieux), où les choses sont indifférentes en tant que telles, mais peuvent être diversement investies, ou dont on peut différemment user, et lieu où l'homme a, en rapport avec d'autres et selon un espace balisé, à advenir, pour lui-même et selon l'axe de ce qui est pour lui bon et source de bonheur. La religion est ainsi articulée à un usage du monde et à un déploiement de l'homme, en dehors de tout renvoi à une référence ou à un fondement spécifique. Elle dit un décalage qui marque l'existence, non un salut. Elle signale un déjà-là, de toujours, non une inauguration, à quoi s'attacher ou dont prendre la suite. Le divin y est dit (il peut être narrativement exprimé) et peut y être pensé (comme asymétrie originaire), mais sur un mode indirect, sans quoi on tomberait dans la perversion de la religion. Dans la religion, Dieu n'est pas touché ou « atteint » (« Dieu n'est, relativement à la vertu de religion, ni sa matière ni son objet », *cf.* ci-dessus, p. 96). Vivre de la dette, ou en fonction d'elle, ne sert d'ailleurs pas à Dieu ou au Dieu, mais à l'homme. Thomas le signale expressément, q. 88, art. 4, *resp.*, reprenant Augustin qui, déjà dans le registre de la dette, disait de Dieu : « C'est un créancier généreux et qui n'a besoin de rien. Il ne s'accroît point de ce qu'on lui donne, mais fait croître en lui ceux qui s'en acquittent ».

Parce que la religion n'est pas rapportée ici à un espace et à des pratiques propres, ni à un ensemble de croyances, qu'elle n'est même pas définie par le « théologal » ou le rapport à Dieu (réservé à la foi), sinon indirectement en ce qu'il y a reconnaissance de ce qui excède l'homme, la vertu de religion traverse de droit *tout* l'espace du monde (la vie avec autrui, le culturel, les institutions). Maxime Allard conclut dans le même sens : la religion « ne porte pas sur un monde symbolique se laissant retracer dans des rites et des doctrines. Elle met en scène l'élaboration d'une posture […]. De plus, cette élaboration porte sur l'ensemble de l'agir humain et non pas sur un sous-ensemble de rites dont la performance serait requise pour produire une attitude particulière […]. Il s'agit de déterritorialiser la religion : elle n'occupe pas les lieux que lui assigne la modernité, ni un lieu propre, *sui generis* » (p. 462).

Du même coup, parce que la réflexion porte sur une posture humaine, avec ce qui la traverse et peut être l'occasion d'un usage régulé ou d'une perversion, il est possible d'énoncer, en matière religieuse, des jugements, de dire du bon et du mauvais ; classiquement, du divin et du démoniaque. À l'époque moderne, ces jugements sont suspendus, dans la mesure même où la religion est rapportée à référentialité et à fondement, ce qui, comme tel, est indécidable ou arbitraire. Il va sans dire que le jugement rapporté au bon usage de la vertu de religion va traverser le christianisme, comme toute tradition. Tout théologien – au sens de ce que porte de problématisant et de réflexif l'exercice théologique depuis Platon[1], non au sens de ce qui ne peut qu'être l'idéologie d'un groupe particulier – le sait ou devrait le savoir : l'« idolâtrie » peut investir les symboliques qui font la tradition religieuse en christianisme (on peut rencontrer de l'idolâtrie en matière sacramentaire, de la bibliolâtrie et de la christolâtrie aussi). Comme l'écrit Thomas : la superstition a une « ressemblance avec la religion » « dans la matérialité de ses actes » (q. 97, art. 4, *sol.* 2), la différence étant du coup dans la modalité du rapport que l'homme entretient avec l'objet (ce que Thomas appelle la forme), non dans l'objet lui-même (que Thomas appelle la matière). Thomas est cohérent avec ce que nous avons vu quand il attribue au Christ – et à ce qui se cristallise des mystères du monde, de l'humain et du divin dans la figure qu'il condense – une valeur d'exemplarité (non de fondement[2]), utile à la foi, incitatrice et adjuvante (voir ainsi, par exemple, q. 82, art. 3, *sol.* 2 et le début du *respondeo*[3]).

---

1. Platon parle de théologie pour désigner une réflexion s'interrogeant sur ce qu'il en est du divin à propos des histoires de dieux que racontent les mythes.

2. M. Allard le souligne, *Que rendrai-je au Seigneur ?*, *op. cit.*, p. 508-514.

3. Analogue : Calvin, *Institution de la religion chrétienne*, III, XVII, 1.

Je soulignerai encore un point. Par la disposition même de la vertu qu'elle cristallise et de l'espace dans lequel elle va s'exercer, par le découplage en outre de la religion comme cadre humain donné et de la foi comme type d'attitude qui s'y inscrit, la religion n'est ici en aucune manière au principe d'une totalisation, même idéale. Au contraire. Cela tient d'une part à la dissymétrie constitutive – originaire et foncière – qui empêche un rapport direct à Dieu et à ce qu'il donnerait ou commanderait ; et d'autre part au fait que ce qui est spécifiquement appelé foi se joue certes dans cet espace et les symboles qui s'y proposent, mais s'y noue comme une modalité du rapport que l'on entretient avec eux (la religion peut être occasion de foi *et* de superstition sur le même objet ou la même donnée « matérielle »). Ce qui est invoqué sous le mot Dieu précède de toujours, dépasse le présent de bout en bout, et décale les finalités inscrites dans l'usage du monde – même le meilleur –, commandant dès lors une autre dynamique au cœur de l'homme, selon une autre finalité et au gré d'une autre récapitulation ou assomption que celle du monde et de ses œuvres (les œuvres des croyants comme celles des incroyants, les œuvres de piété et d'observance comme les œuvres de culture ou de socialité).

Revenons, pour terminer, sur la dette. D'autant que c'est un motif qui a retrouvé une actualité dans le monde contemporain, que ce soit en anthropologie (à partir du *do ut des* [je donne pour que tu donnes] et de l'échange symbolique), en psychanalyse freudienne (le nœud dette et désir y est constitutif) ou en philosophie, avec Derrida et d'autres. La dette dit altérité et infini. Mais elle ne commande pas une finitude comme simple « dépendance absolue », en référence, correcte ou non, à Schleiermacher. Telle que mise en place par Thomas, la dette commande un ordre d'existence ou d'advenir de

l'homme qui, *décalé*, est néanmoins en tout point *positif*:
quant à ce qui le meut (un désir), quant à l'espace où il a à
se déployer (le monde et ses symbolisations), quant à ce qui
le polarise (dit comme bien et comme bonheur), quant à ce
qui s'y cristallise (le proprement humain). Un positif qui ne
supprime pas la dette, mais *en* répond, hors toute mise en
correspondance, et en maintient donc la donne.

Ce qu'il faut ici entendre par religion est de validité
humaine générale, fournissant une structure formelle applicable à toute tradition ou à toute cristallisation particulière des
symbolisations du monde en rapport à ce qui le dépasse (c'est
d'ailleurs parce que le monde dépasse l'homme et ne peut être
entièrement rapporté à ses savoirs et ses volontés qu'il doit être
symbolisé, voir p. 85 *sq.*). On aura en même temps compris
que ce qui est ici mis en place concernant la religion suppose
un rapport entre transcendance et immanence irréductible à
ce qu'en a fait la modernité classique, irréductible à un lieu
de *subordination* (la première commandant la seconde) ou
d'*opposition* (que ce soit au profit de l'une ou de l'autre). En
outre, la religion n'apparaît pas non plus ici comme ce qui a
charge d'apporter un sens au monde et à l'homme (un supplé-
ment d'âme?); elle est l'occasion qui permet qu'un sens du
monde et de l'existence humaine – un sens qui n'attend pas
la religion pour être au travail – prenne forme et soit habité,
en dehors de tout nihilisme, mais sans pour autant être,
perversement, surévalué.

TEXTE 2

Georg Simmel
De la religion du point de vue de la théorie de la connaissance[1]

[108] Pour parvenir à une analyse scientifique du *fait religieux*, il faut partir de cette proposition […] : le fait qu'un Dieu a créé et dirige le monde, qu'il rende la justice au moyen de récompenses et de peines, que de lui dérivent la rédemption et la sanctification, tout cela ne constitue pas la religion, quand bien même cela constituerait la matière de nos croyances […]. Il faut distinguer le contenu religieux dans son existence et dans sa valeur objective, d'avec la religion considérée comme une fonction subjective et humaine. […]

1. *Gesamtausgabe*, O. Rammstedt (éd.), Frankfurt am Main, Suhrkamp, t. 19, Ch. Papilloud, A. Rammstedt et P. Watier (éds.), 2002, p. 117-128 (le texte est en français et date de 1903). Nous renvoyons à la version reprise dans *La religion*, Belfort, Circé, 1998, p. 107-121, volume qui donne par ailleurs, p. 7-106, la traduction d'un texte un peu ultérieur de Simmel (1906, 1912[2]), justement intitulé *La religion* (trad. fr. Ph. Ivernel, de la *Gesamtausgabe*, t. 10, M. Behr, V. Krech et G. Schmidt (éds.), p. 39-118), qui reprend et amplifie les points du texte de 1903.

[111-113] Toutes les vieilles théories [...] trouvent leur pendant dans les prétentions dogmatiques qui veulent toujours ne tenir pour légitime *qu'un seul* objet de la religiosité [...]. De toutes ces difficultés nous sommes délivrés dès que nous concevons le religieux comme une catégorie formelle fondamentale, qui sans doute a besoin d'un contenu [...], mais qui manifeste [...] la flexibilité de son caractère formel par l'étendue du contenu matériel qu'elle peut indifféremment supporter. Enfin cette conception détache le sentiment religieux de toute liaison exclusive à des objets transcendants. [...] Il est une infinité de relations sentimentales à des objets très terrestres, hommes ou choses, que l'on ne peut désigner que comme religieuses [...]. Je suis convaincu que l'on ne comprendra pas la religion en son sens étroit et transcendant, avant de l'avoir interprétée comme consistant à aiguiser, à sublimer, à élever à l'absolu ces dispositions, ces réalisations mixtes, inférieures, de son principe. [...]. Car il ne s'agit pas de rabaisser la religion, mais inversement de faire remonter dans sa sphère certaines relations et certaines modalités terrestres du sentir. [...] Mais l'on ne saurait l'affranchir de son incompréhensible isolement [...] si l'on ne tient la religiosité pour une catégorie fondamentale, mais par là même purement formelle, qui, tout comme les autres formes fondamentales, plus ou moins *a priori*, de notre être interne, peut recevoir, à titre de matière, tout le règne de la réalité.

La Religion [1]

[32-34] Il y a dans certaines relations sociologiques des tensions affectives et des significations qui les prédestinent à

---

1. Comme indiqué dans la note précédente, il s'agit d'une reprise, amplifiante, du texte de 1903 (j'y apporte quelques modifications, à partir de l'original allemand).

être reprises sous forme religieuse. Ainsi la figure religieuse, ou quelques-uns de ses traits, va-t-elle grandir au contact du social et s'opposer ensuite à lui de façon autonome, parce que le social constitue dans une certaine mesure un canal par où peut fluer cette humeur de vie, conservant sa direction et emportant néanmoins avec soi, du pays qu'elle a traversé, une forme ou une substance, pour ainsi dire une possibilité de se muer en une figure construite. Les relations sociales n'auraient jamais appelé à elles cet élément de transcendance […] si justement *leur* valeur d'âme, *leur* force unifiante, *leur* intimité ne les disposaient spontanément à une projection sur le plan religieux […]. La base profonde sur laquelle la catégorie religieuse peut pénétrer et modeler les rapports sociaux, mais aussi se laisser illustrer par eux à son tour, est créée par l'analogie curieuse qui existe entre le comportement de l'individu à l'égard de la divinité et son comportement à l'égard de la collectivité sociale. C'est avant tout le sentiment de dépendance qui est ici décisif. L'individu se sent lié à une collectivité, à une supériorité, d'où il découle et dans quoi il s'écoule, à laquelle il se dévoue mais de laquelle il attend aussi l'élévation et la rédemption, dont il est différent tout en lui étant identique […]. La relation de réciprocité entre l'homme et son dieu […] reproduit […] les modes de comportement établis entre l'individu et son groupe social. Il y a ici le même embrassement de l'individu par une surpuissance, qui pourtant lui permet une certaine dose de liberté ; une réception à laquelle pourtant répond une réaction ; un dévouement de soi qui pourtant n'exclut pas la rébellion ; un salaire et une punition ; le rapport d'un membre au tout, alors que pourtant le membre demande à être lui-même un tout. […]

[45-46] La croyance au sens intellectuel s'aligne sur le savoir tel un degré inférieur de celui-ci, sans plus ; elle consiste

à tenir son objet pour vrai à cause de raisons qui ne le cèdent qu'en force, quantitativement, à celles en vertu desquelles nous prétendons *savoir*. Ainsi des études métaphysiques ou épistémologiques peuvent-elles nous conduire à tenir l'existence de Dieu pour une hypothèse plausible ou même, dans certaines circonstances, nécessaire. Nous croyons alors en lui comme on croit à l'existence de l'éther lumineux ou à la structure atomique de la matière. Mais nous sentons immédiatement que si l'homme religieux déclare : je crois en Dieu, autre chose est visé là qu'une certaine façon de tenir pour vraie son existence. L'énoncé en question ne dit pas seulement que cette existence est admise, bien que non démontrable rigoureusement, mais signifie aussi une relation intérieure déterminée vis-à-vis de Dieu, un abandon du sentiment à lui, une orientation de vie vers lui. Qu'on soit convaincu de son existence comme de n'importe quelle autre réalité, ce n'est qu'un aspect ou une expression théorique de cet être subjectif intérieur qui se trouve immédiatement entendu quand il est dit qu'on croit en Dieu. La *qualité* de l'âme religieuse qui vit dans cette formule est la fontaine de jouvence d'où s'élève sans cesse la croyance théorique en l'existence de Dieu, malgré toutes les contre-preuves ou contre-vraisemblances. […]

[99-102] La figure intellectuelle (*geistig*) objective de la religion apparaît comme la mise en forme de la *vie* religieuse, laquelle est un processus, un mode d'être, et tire ses contenus, les « articles de foi », des données de l'existence au monde. La nature de cette vie veut qu'elle s'objective dans la forme de l'*absolu*, et c'est ainsi qu'elle arrache ses formes […] aux faits sociaux (comme à d'autres données de la vie) pour qu'elles accèdent à l'absoluité par transcendement – gagnant par là aussi la possibilité constamment démontrée d'agir en retour sur les faits terrestres relatifs, en les consacrant, en les rehaus-

sant, en les visant pour ainsi dire en plein cœur. La vieille observation selon laquelle le ciel des dieux est l'absolutisation de l'empirique perd ici sa signification sensualiste-rationaliste : jamais l'empirie [...] ne serait devenue transcendante, s'il n'y avait à la base le mouvement religieux de la vie, catégorie apriorique et source d'énergie, poussant le donné au-delà de lui-même selon sa loi *propre* et non selon une loi *autre* à trouver au-dehors de lui. [...] La « religion » objective développée traîne encore partout [...] des fragments matériels de cet élément extérieur. La religiosité en tant qu'être intérieur entendu qualitativement, le *processus de vie religieux*, a donc le curieux destin, rappelant quasiment le schéma dialectique hégélien, d'être obligée de sortir de soi pour acquérir d'un extérieur la figure qui n'est pourtant autre qu'elle-même sous la forme de l'objectivité. Mais c'est, comme on vient de dire, une contrainte pour elle de ne pouvoir congédier entièrement à son tour cette existence d'un autre genre avec laquelle elle s'est une fois compromise, de ne devenir vraiment religion au sens le plus pur qu'à travers un processus sans fin, de laisser encore et toujours, amalgamés aux *formes* de l'élément terrestre, rationaliste et socio-empirique d'où elle s'est haussée jusqu'à la religion objective, des fragments quelconques de leur *matière*. C'est à condition de prendre le « progrès » de la religion au sens où celle-ci devient une religion non toujours plus parfaite, mais toujours plus parfaitement religion, c'est-à-dire toujours plus purement religion, que le concept de développement me paraît applicable à elle. Je ne toucherai pas [...] à la question de savoir donc si « la religion » peut passer pour un sujet réel qui « *se* développe » depuis le fétichisme et le culte des ancêtres jusqu'à peu près le christianisme. [...] là gît le présupposé douteux de la religion « imparfaite ». J'avouerai ne pas croire aux religions imparfaites, j'y crois aussi peu

qu'aux styles d'art imparfaits. Ce qui veut dire : il y a sans
doute des mouvements psychiques et des figures objectivées
qui sont animés d'une intention religieuse sans être encore
parfaitement religion ; ou exprimé autrement : il y a sans doute
des religions qui sont de la façon indiquée des figures bâtardes,
où la religiosité n'est pas encore advenue purement à elle-
même sous la forme de l'objectivité. Mais ce qui est parfaitement religion est aussi religion parfaite, tout comme la pein-
ture du Trecento, même si elle ignore les ombres, le mouvement naturel, la perspective, est nonobstant un art aussi parfait
que l'art ultérieur qui possède tout cela. Giotto *voulait* précisé-
ment autre chose que Raphaël ou Velasquez. Et s'il y a quelque
chose de parfait en tant qu'art, au sens où l'œuvre n'est formée
par nul autre motif qu'artistique, [...] alors tout *vouloir
artistique* est de valeur égale à tout autre. [...] Ici vaut [...] du
style particulier [...] ce que dit Schopenhauer de l'essence
générale de l'art : il « est toujours au but ». [...] La religion peut
juste devenir elle-même toujours plus purement religion [...].
Si elle est vraiment religion, elle est alors également « toujours
au but » – qu'il s'agisse de culte des ancêtres ou de polythéisme, de mystique panthéiste ou d'un théisme à contours
nets ; et les différences de perfection reposent dès lors uniquement, pour ainsi dire, sur l'aspect quantitatif de profondeur et
de largeur, de vigueur et d'ardeur avec lesquelles les divers
individus réalisent ces styles religieux et ces possibilités de vie
religieuses. [...]

[105-106] L'importance de la religion, non seulement
dans le champ de l'objectivité, mais aussi dans celui du subjectif, son importance alors affective, c'est-à-dire l'effet en retour
des représentations du divin rayonnant au plus intime de
l'âme, reste complètement indépendant de toutes les hypo-
thèses sur la manière dont s'établirent ces représentations. [...]

De larges milieux ont toujours l'impression que l'attrait d'un idéal serait effeuillé, la dignité d'un sentiment déclassée à partir du moment où son émergence n'apparaîtrait plus comme un miracle inconcevable, une création *ex nihilo,* – comme si la compréhension d'un devenir mettait en question la valeur du devenu, ou l'analyse postérieure des éléments la valeur de leur unité vivante, comme si le bas niveau du point de départ tirait à lui la hauteur du but atteint, et comme si la simplicité sans attrait des éléments isolés ruinait la signification du produit, qui réside dans l'effet conjoint, la mise en forme et le tissage de ces éléments. C'est bien la mentalité stupide et confuse qui croyait la dignité humaine profanée parce que l'homme descendait d'une espèce animale inférieure; comme si cette dignité ne reposait pas sur ce qu'il *est* en réalité, sans aucune considération du commencement à partir duquel il le devint! Mais c'est justement à vous, qui croyez maintenir la dignité de la religion en rejetant son explication historico-psychologique, qu'on pourra reprocher la débilité de la conscience religieuse. Car sa solidité intérieure, sa profondeur de sentiment, ne peuvent qu'être minimes si cette conscience peut se croire mise en péril, ou même seulement touchée par la connaissance de son évolution. En effet, […] toute la vigueur du sentiment religieux subjectif se prouve […] seulement par la sécurité avec laquelle il repose en soi, et place sa profondeur et sa ferveur bien au-delà de toutes les origines auxquelles la connaissance peut le faire remonter.

COMMENTAIRE

Issu d'une famille juive convertie, Georg Simmel (1858-1918) reçoit une éducation protestante, mais quitte l'Église pendant la Première Guerre. Après des études à l'Université de Berlin, il y enseigne. En 1908, Max Weber et d'autres tentent sans succès de le faire nommer professeur à Heidelberg. À l'âge de cinquante-cinq ans, Simmel est appelé comme professeur de philosophie à l'Université, alors allemande, de Strasbourg; il y enseignera de 1914 à sa mort.

L'œuvre de Simmel présente un caractère hétérogène et fragmentaire. Elle traite de sociologie (Simmel sera l'un des fondateurs, avec Weber et Tönnies, de la Société allemande de sociologie), de psychologie, de métaphysique, d'esthétique, de philosophie de l'histoire, de religion et de culture. Simmel retravaille, en lien avec les différenciations sociales qui caractérisent la modernité, la distinction entre individu et société, et analyse les procès modernes de rationalisation, notamment au travers d'une considération des images du monde que l'homme construit. Sa *Sociologie* interroge les « formes de la socialisation », leur dynamisme et leur instabilité intrinsèque. La dernière phase de ses travaux est marquée par une philosophie de la vie.

La perspective de Simmel est centrée sur les relations et les réciprocités, sur fond d'une vision où l'existence apparaît faite de contradictions et prise dans des jeux d'interactions. Dans ses travaux de philosophie de la culture, il s'interroge sur les possibilités de la vie individuelle, confrontée à la domination de la « culture objective » et de formations figées engendrant un « pessimisme culturel ». Par-delà la description sociologique enfin, Simmel met en avant une « loi individuelle », qui veut qu'à chaque instant, l'individu doive se réaliser comme totalité et idéal, attribuant là une fonction constitutive à l'art et à la religion.

Sa compréhension de la religion[1] distingue entre religion objective et religiosité subjective, la première renvoyant à des institutions et des dogmes déterminés, la seconde étant une catégorie *a priori* de la vie grâce à laquelle la conscience peut construire une image homogène de soi et du monde. Simmel présente ici des parentés avec la théologie libérale du tournant du siècle. Un peu méconnu au cœur du XXe siècle, tout au moins en France (malgré Aron, Freund, Séguy ou Boudon), il est aujourd'hui l'objet d'un regain d'intérêt, en ces temps dits de postmodernité, de critique en tout cas de visions sociales unitaires ayant pu être idéologiquement laïcistes.

Dès la page 108[2], on trouve une distinction entre la « matière » des croyances, en ce sens les religions constituées (leur « contenu » dans son « existence » et dans sa « valeur »,

---

1. Cf. *Gesammelte Schriften zur Religionssoziologie*, Berlin, Duncker und Humblot, 1989; V. Krech, *Georg Simmels Religionstheorie*, Tübingen, Mohr Siebeck, 1998; J.-P. Willaime, « Georg Simmel (1858-1918). Permanence et fluidité de la religiosité », dans D. Hervieu-Léger et J.-P. Willaime (éds.), *Sociologies et religion*, Paris, PUF, 2001, p. 111-146.

2. Notre commentaire renvoie à la pagination des textes de Simmel donnés en extraits ci-dessus.

dont on pourra parler et disputer au plan de leur donnée
« objective »), et une « fonction » du religieux, qui renvoie à
une réalité « subjective et humaine ». C'est un point fondamental chez Simmel, comme chez plusieurs de ses contempo-
rains, pas chez tous néanmoins et la différence apparaîtra
renforcée dès que l'on se penche sur ce qu'il en est de chacun
de ces deux pôles, comme sur la dialectique qui les relie.

Cette perspective suppose qu'on ait décalé le regard, qui ne
porte plus sur l'existence de Dieu ou la vérité objective des
vérités de salut. Ce point est repris p. 111-113, précisant que
le religieux enraciné au plan subjectif vaut comme « catégorie », « formelle », parce que déliée des contenus qu'elle
peut investir et prendre en charge, et « fondamentale », parce
qu'irréductible et appartenant à ce qui fait l'homme (il en est là
comme de l'art ou de la science, irréductibles et fondamentaux
aussi, tout en pouvant donner lieu à des expressions et des
contenus divers). Notons que, chez Simmel, le contenu n'est
pas dévalorisé. Il est obligé, mais traversé de forces diverses
(la force religieuse, flexible, pouvant se fixer sur un large
spectre de contenus), et, bien que construit et second, il participe d'une « logique » propre, comme Simmel le dit ailleurs.
Un troisième point doit être souligné. C'est que non seulement
une force ou une quasi-pulsion religieuse commande à la
production des systèmes religieux, mais qu'elle investit déjà
des réalités « terrestres » – leur donnant une « tonalité » religieuse, tout en les consacrant dans leur réalité propre –, avant
de les dépasser : tout à la fois les quitter, pour se retrouver en un
ordre autonome, proprement religieux, et en maximaliser la
qualité et la force.

Dans la reprise qu'il en propose quelques années plus tard,
Simmel donne un exemple de ces réalités investies de la
fonction de religion (p. 32-34) : la socialité comme telle (il

touche là un point central dans les travaux sociologiques de l'époque, chez Durkheim pour commencer, même si c'est dans une perspective d'ensemble autre). Simmel parle d'une « analogie » entre le rapport de l'individu à la « collectivité sociale » et le rapport à la « divinité » (même « sentiment de dépendance », sur fond de débordement ; même jeu de tension aussi – c'est une spécificité de Simmel – entre ce qui dépasse ici l'individu et, au plan de l'individu, une reprise, active et singulière). Dans la suite, Simmel explicite le mouvement de dépassement et d'« autonomie » comme mouvement donnant lieu à un face à face ou à un jeu d'« opposition » (on peut au passage repérer un trait semblable à ce que l'hégélien de gauche Feuerbach avait tenu, au milieu du XIXe siècle, pour la matrice de la religion, mais en en usant alors pour la déconstruire). Simmel redit encore comment les réalités terrestres traversées de la pulsion religieuse viennent charger la « figure construite » de leur substance propre.

Les pages 45-46 touchent un point essentiel : la différence entre l'ordre du croire et l'ordre du savoir, et même leur hétérogénéité. Leur rationalité, comme leurs enjeux respectifs, ne convoquent pas le même type de jugement, ni le même type de régulation. Simmel le dit avec une certaine emphase, mais beaucoup de pertinence, et il n'y a, sur le fond, pas grand-chose à ajouter.

L'extrait des pages 99-102 redit en d'autres termes le phénomène d'objectivation par dépassement et autonomisation (le vocabulaire et le fond ne sont pas sans traces hégéliennes, au reste avouées) à la racine duquel se tient ce que Simmel appelle ailleurs la religiosité (ou l'énergie religieuse) et qui donne forme et réalité aux différentes figures de la religion. En mentionnant les actions « en retour » sur les réalités « terrestres » – un point caractéristique de sa démarche, critique mais non réductionniste –, Simmel marque une prise de distance par rapport à une position simplement « sensualiste-rationaliste » et entend valider comme force irréductible le « mouvement religieux de la vie » souligné d'entrée. Par sa vision d'un « processus sans fin », toujours reprise, il valide un dynamisme, mais sans pour autant sanctioner un évolution-nisme. La question n'est pas celle, externe, d'un perfectionne-ment des formes religieuses successives, mais celle, interne, de savoir si une religion donnée peut être, dans sa forme propre, « parfaitement religion ». Il en va de même des diffé-rentes productions artistiques (la comparaison est éclairante, la mise en parallèle des mondes de l'art et de la religion étant par ailleurs récurrente chez Simmel[1]), qui peuvent toutes être, ou non, parfaitement ou pleinement artistiques, et pourtant suivies d'autres expressions, à chaque fois différentes et singulières.

L'ensemble de ces considérations implique que la question de l'origine de la religion – comme celle de l'origine de chacune des différentes traditions religieuses –, si prégnante en modernité et aujourd'hui encore dans le grand public, peut être ici réputée non pertinente, au profit de ce qui occupe juste-ment Simmel : une considération du religieux comme tel, tant dans la pulsion qui est la sienne, spécifique, *sui generis* ou « pri-maire », que dans l'ordre qu'il commande, spécifique lui aussi. D'où, dans le dernier passage donné, p. 105 *sq.*, son insistance à souligner que les « effets » des religions ont une réalité indé-pendamment de la question de leur provenance, de leur genèse ou de leurs modalités de constitution. On se trouve dans un champ effectif, à valider – au niveau propre de son déploie-ment, « devenu » dit Simmel –, ne serait-ce que pour le

---

1. Il prolonge ici une ligne qui vient du romantisme et de l'idéalisme allemand.

comprendre, en mesurer la réalité et, éventuellement, l'évaluer.

Considérée avec recul, la perspective de Simmel s'inscrit dans la modernité, en ce qu'il a affaire à des systèmes religieux différents et à des organisations sociales qui tendent à une cohérence, où se joue une identité. On n'est ni dans la dispersion impériale de l'Antiquité tardive, ni au Moyen Âge, un temps où une symbolique religieuse et des chemins de spiritualité pouvaient être offerts partout, mais sans qu'ils fassent corps avec une unité sociale (on est donc avant l'avènement des nations et la constitution de religions confessionnelles organisées). Pour Simmel, les religions proposent des vues d'ensemble assurant unité et cohérence aux individus qui les habitent, mais qui entrent en concurrence avec d'autres, notamment la société en tant que telle ou la science.

Sur cet arrière-plan, Simmel s'attache particulièrement à casser l'idéologisation qui menace chaque système religieux, en dissociant une donnée psychique générale, humaine – comprise comme énergétique ou pulsion –, de l'ordre des représentations et des croyances. Ces dernières apparaissent par suite comme des constructions, sensées mais relatives, instables aussi, parce que produites et traversées d'une force et d'une visée qui les dépassent; elles sont composées et en phase de recompositions, instituées et en constante dés- et ré-institutionnalisations, prises dans le jeu ouvert des socialisations. Simmel tient également à mettre en évidence que la religion peut certes valoir comme proposition d'ensemble, mais d'un point de vue particulier; comme l'art ou la science proposent des visions d'ensemble, avec leurs logiques propres, les points de vue étant ici irréductibles et irréconciliables, pas non plus hiérarchisables (« la vie religieuse crée le monde encore une fois, elle signifie l'existence tout entière dans une tonalité particulière », écrivait-il au début de *La religion*, p. 14). Enfin, l'unité fournie à l'individu par la religion (« toute la multipli- cité de la vie intérieure trouve une unité dans l'élévation reli- gieuse de l'âme ») ne résout pas les tensions, mais s'en nourrit plutôt : « il faut absolument une tension et une opposition de sentiments pour arriver à se pénétrer de l'unité de l'objet religieux et de celle de l'attitude religieuse, car la résistance opposée à une force est […] nécessaire afin que cette force puisse se manifester ». Et Simmel de renvoyer à l'analogie de l'amour, donnant écho à un courant traditionnel de nature mystique : on a affaire à « une véritable combinaison […] d'avoir et de non-avoir, une possession infiniment sûre qu'il faut néanmoins conquérir journellement […], car le bien implique de par une nécessité intérieure un accroissement : nous sentons avec certitude que même l'amour le plus absolu n'atteint jamais sa fin définitive. […] cette possession, qui a pour le croyant une sécurité inébranlable, se trouve cependant […] dans un au-delà infini […]. C'est de cette phase extrême de la religion, qui joint en *une seule* réalité psychique, la contradiction logique du désir le plus intense de la possession avec la jouissance la plus intense de la possession, que se rapproche tout amour ». C'est que « dans sa phase de désir, il y a une anticipation de la jouissance désirée » et que « dans la jouissance, il y a aussi un désir qu'elle ne peut jamais exaucer complètement »[1]. Ainsi, « dans le sentiment que nous éprouvons pour Dieu, la tension entre la possession et la non- possession a atteint son plus haut degré »[2].

---

1. Simmel rejoint ici Grégoire de Nysse commentant le *Cantique des cantiques*, théologien classique du IVe siècle qui sera repris dans la tradition mystique du christianisme.
2. « La religion dans les contrastes de la vie » (1904-1905), dans *La religion*, *op. cit.*, p. 123-134, ici p. 125 et 126-128 ; original : t. 19 de la *Gesamtausgabe*, *op. cit.*, p. 274-283.

Il convient d'ajouter que, pour Simmel, «les forces religieuses atteignent dans notre vie intérieure des oppositions encore plus profondes, car elles concilient non seulement les éléments qui se combattent en nous», mais des éléments «hétérogènes», allant jusqu'à déclarer que «la religiosité passe à travers ce qu'il y a d'obscur, de sensuel, de soumis à la pesanteur en nous [...]. Ceci fait [...] ressortir combien la réduction de la religion à la morale pure est erronée, puisque celle-ci a simplement pour but la victoire remportée sur les éléments inférieurs de notre être ou leur négation en faveur des éléments supérieurs. On ne peut aucunement réduire la religion à des problèmes aussi simples». Et de préciser : «c'est la religion qui, par l'émotion générale qu'elle communique à l'âme, a bien souvent rendu malléables les couches passives et sourdes [...], tandis que la morale pure a figé pour ainsi dire ces couches [...] en une opposition rigide».

Nous terminerons en soulignant que la religion suppose, aux yeux de Simmel, une vision foncièrement positive; il l'amplifie même : «la religion jaillit [...] du trop plein de l'âme qui, n'ayant plus assez de place pour contenir son bonheur, le projette pour ainsi dire dans l'infini, afin que celui-ci le lui restitue [...]. La religion n'est pas ici ce qui sert à combler un vide, mais c'est la surabondance de la vie, c'est le surplus de l'homme, c'est ce qui fait qu'il se dépasse, non parce qu'il ne se suffit pas à lui-même, mais parce qu'il est trop grand»[1].

---

1. *Ibid.*, p. 128-130 et 131 *sq.*

TABLE DES MATIÈRES

QU'EST-CE QU'UNE RELIGION ?

Des frontières flottantes	7
Une interrogation de fait ouverte	7
D'une dialectique entre des religions, diverses, et le religieux, comme donne anthropologique	9
De quelques définitions de la religion dans les sciences humaines et sociales	13
Caractéristiques du paysage religieux contemporain	20
Perte de substance sociale des traditions religieuses porteuses	20
Un statut nouveau pour le religieux	22
Recompositions et nouvelles formes religieuses	26
Un religieux diffus	26
De nouveaux mouvements religieux	35
Remarque intermédiaire quant à un déplacement	40
Un croire ou un savoir ? Un Dieu ou des énergies cosmiques ?	41
Nouvelles formes à l'intérieur des traditions religieuses héritées	42
Un cas typique : la mouvance *evangelical*	44
Remarques conclusives quant à la situation contemporaine	49

Mise en perspective généalogique 54
    Statut et fonction de la religion, sur fond de modernité et de
        changements de la modernité 54
    L'Antiquité gréco-romaine ; une première définition
        classique de la religion (Cicéron) 54
    L'Antiquité tardive ; une seconde définition classique de la
        religion (Lactance) 57
    D'un divin hors monde (un Dieu) requérant l'humain (un
        croire) au théologico-politique (un espace légitimé) 64
Individu et institution en tension 67
    Entre un héritage de longue durée et un présent fait de
        dérégulation 68
    Les ambivalences d'une critique de l'institution 70
    Bilan et orientation 80
Statut, fonction et enjeux du religieux aujourd'hui 81
    Une dimension de ce qui fait l'humain 82
    De quoi répond une religion 84
    Une régulation selon trois pôles 87
    Ressaisie 90

TEXTES ET COMMENTAIRES

TEXTE 1 : THOMAS D'AQUIN, *Somme de théologie*, Seconde
    partie de la deuxième partie (q. 80-100) 95
COMMENTAIRE 98
TEXTE 2 : GEORG SIMMEL, *De la religion du point de vue de la
    connaissance ; La Religion* 111
COMMENTAIRE 118

TABLE DES MATIÈRES 127

Imprimerie de la Manutention à Mayenne – Janvier 2007 – N° 11-07
Dépôt légal : 1er trimestre 2007
Imprimé en France